Couvertures supérieure et inférieure manquantes

$\underline{IK^2}$
4518

ÉTAT
DE
L'ÉGLISE D'ALSACE

AVANT LA RÉVOLUTION.

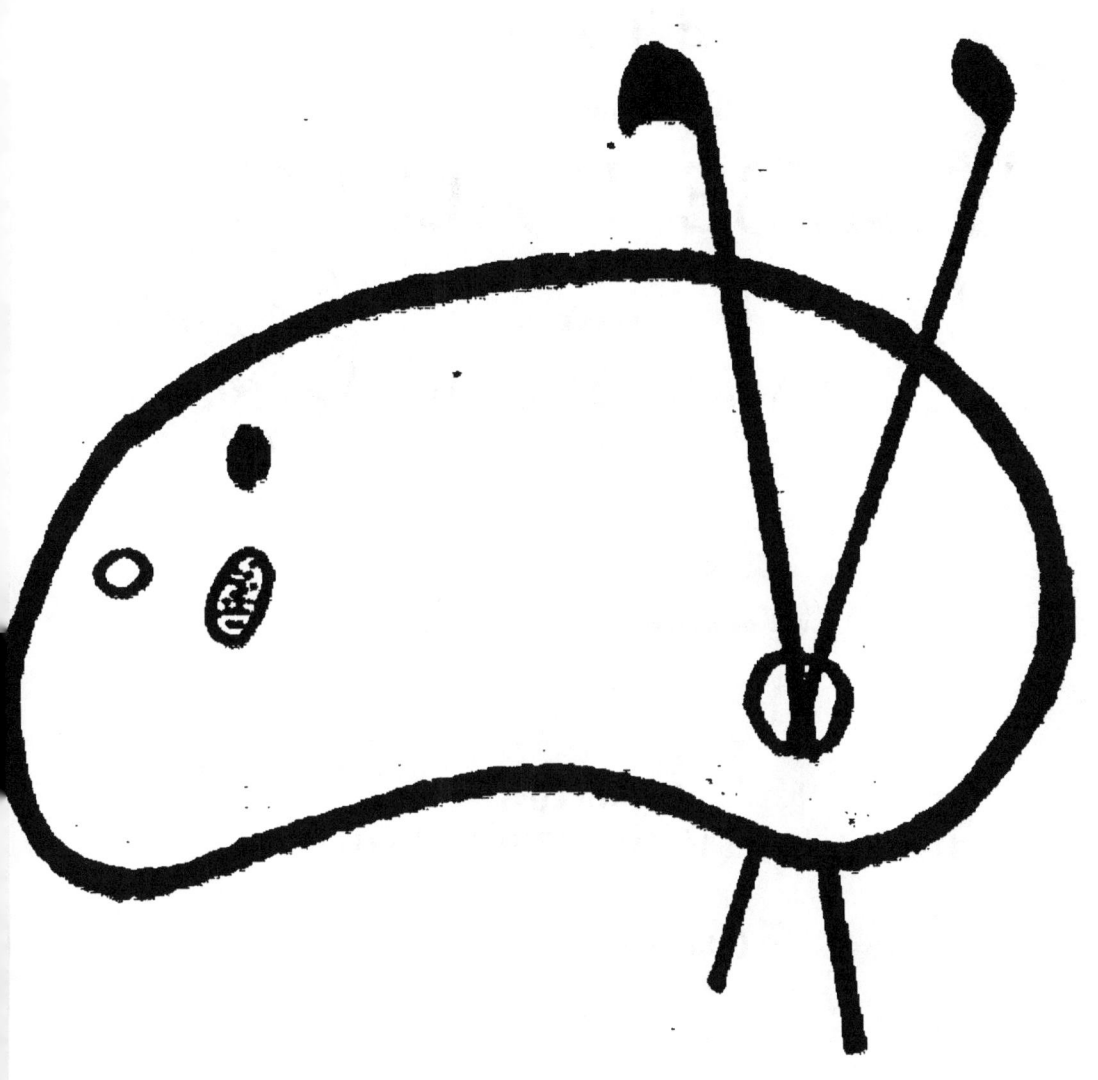

ORIGINAL EN COULEUR
NF Z 43-120-8

ÉTAT
DE
L'ÉGLISE D'ALSACE
AVANT
LA RÉVOLUTION
PAR
M. SCHICKELÉ
CURÉ DE SAALES, OFFICIER D'ACADÉMIE

Ire PARTIE
LE DIOCÈSE DE STRASBOURG

(CLERGÉ SÉCULIER)

COLMAR
Louis Lorber, Libraire
Place-Neuve, 8.

STRASBOURG
X.-H. Le Roux, Libraire
rue des Hallebardes, 34.

1877

COLMAR IMPRIMERIE M. HOFFMANN.

AVANT-PROPOS.

Le hasard me fit mettre un jour la main sur un Alsatique intitulé « Almanac d'Alsace de 1782. » Sous ce modeste titre, le petit livre me révéla tout l'ancien ordre de choses tel qu'il existait en Alsace avant la Révolution : l'organisation et la statistique des diverses administrations publiques, avec de courtes mais intéressantes notices sur les personnes, les institutions, les monuments et les lettres de la province.

Cet Almanach fut pour moi une heureuse trouvaille ; il me mit sur la voie de certaines recherches et études auxquelles j'ai consacré depuis une partie de mes loisirs. Bientôt je sus qu'il était le premier d'une série d'Almanachs continués jusqu'en 1790, dont l'auteur était un illustre professeur de l'Université de Strasbourg, Jacques Oberlin. Ce savant avait commencé en 1780 et 1781 par un « Almanach de Strasbourg » ; étendant en 1782 ce travail à toute la province, il publia dès-lors, chaque année, un « Almanac d'Alsace, » jusqu'à la Révolution. Nous avons encore de lui « l'Almanac du Bas-Rhin de 1792. »

Une idée me vint. Fondre en un tout les données éparses dans cette série d'Almanachs d'Oberlin (devenue aussi chère que rare), à l'effet d'offrir sous une forme simplifiée l'état du clergé catholique d'Alsace durant la dernière *période décennale d'avant la révolution, voilà l'œuvre, je dirai, le jeu de patience auquel je me suis livré d'abord. Mais à mesure que j'alignai noms et dates, je fis de plus amples recherches sur la matière. C'est ainsi que je trouvai dans les* Nova subsidia diplomatica *de Würdtwein une nomenclature complète des églises et annexes de l'ancien diocèse de Strasbourg. Mieux encore, au secrétariat de l'évêché on eut l'obligeance de me communiquer une statistique officielle portant le titre de* « Registrum episcopatûs et diœcesis Argentinensis anno 1768 exceptum præcipue ex visitationibus episcopalibus, inchoatum anno 1758 et finitum 1763. » *De la sorte notre Oberlin se trouva considérablement augmenté.*

Je continuai d'interroger nos chroniqueurs et historiens, Kœnigshoven, Herzog, Wimpfeling, Wursteisen, Schœpflin, Würdtwein, Grandidier, ses œuvres inédites publiées par MM. Gérard et Liblin, etc., ainsi qu'une foule de monographies; enfin, je consultai datâ occasione, *certains registres paroissiaux. Telles sont les sources qui ont alimenté les* Varia *placés à la suite de chaque archiprêtré. Maintenant il me semble superflu d'ajouter que ces Notes n'ont pas la prétention de faire l'historique de chaque église du diocèse : ce travail dépasserait et le cadre que je me suis tracé, et la mesure de mes forces. S'arrêtant sur le seuil de la révolution, elles ne sont le plus souvent qu'un regard rétrospectif jeté sur la paroisse, un trait de couleur local, un nom, une date, un fait qui rappelle son ancienneté, qui explique sa fidélité ou sa défection.*

Dans son ensemble mon travail a pour objet de remettre en lumière et de vulgariser ce passé de notre église d'Alsace, son ancienne organisation que la tourmente révolu-

tionnaire a emportée, et dont le souvenir même tend à s'effacer dans l'esprit de nos générations.

Ce timide Essai que d'autres pourront développer, comprend l'État du clergé séculier et du clergé régulier de l'ancienne province ; une 3e Partie servant de complément aux deux premières, et par laquelle j'aurais dû commencer, traitera du chef du diocèse et des dignitaires de l'évêché, ainsi que des collégiales ou chapitres. Présentement, je donne la 1re Partie : le clergé paroissial du diocèse de Strasbourg.

Mais auparavant il me paraît indispensable de présenter quelques observations sur le droit canonique du temps, ainsi que certaines indications générales sur l'église d'Alsace et sur celle de Strasbourg.

Ce sera l'objet de l'Introduction.

INTRODUCTION.

I.

L'Alsace était soumise avant la Révolution à la juridiction spirituelle des évêques de Strasbourg, de Spire, de Metz et de Besançon. Presque toute la Basse-Alsace et le Mundat supérieur, ou les bailliages de Rouffach, Soultz et Eguisheim, dépendaient de l'évêque de Strasbourg. Les villes de Wissembourg et de Landau, avec le territoire compris entre le Seltzbach et le Palatinat, appartenaient au diocèse de Spire. Dans le bailliage de Dabo il y avait trois paroisses qui relevaient de l'évêque de Metz. La Haute-Alsace formait en grande partie l'évêché de Bâle, et une notable partie de l'arrondissement de Belfort était sous la juridiction de l'archevêque de Besançon. « L'Alsace comptait alors, est-il dit dans Oberlin, plus de 500000 habitants, 71 villes, dont 32 dans la Haute-Alsace et le Sundgau, et 39 dans la Basse-Alsace ; plus de 1000 villages, censes et hameaux : le tout réparti en 750 paroisses. »

En faisant le relevé statistique je trouve dans l'ancienne province : 10 archiprêtrés avec 265 paroisses pour le diocèse de Strasbourg ; 47 cures de l'évêché de Spire distribuées dans 4 chapitres ruraux ; 3 églises paroissiales de l'évêché de Metz ; 247 paroisses réparties dans 8 chapitres ruraux du diocèse de Bâle ; enfin, 58 cures dans 3 décanats, soumises à l'église de Besançon. En y ajoutant les sept églises paroissiales de la ville de Strasbourg, nous avons un total de 627 paroisses catholiques.

II.

DIOCÈSE DE STRASBOURG.

Le diocèse de Strasbourg remonte aux premiers siècles du christianisme ; il est compté à divers titres parmi les plus beaux diocèses du Saint-Empire et du Royaume de France. Parmi les Églises limitrophes du Rhin, l'Église de Strasbourg est nommée la plus noble ; Constance, la plus grande ; Bâle la plus agréable ; Spire, la plus religieuse ; Worms, la plus pauvre ; Mayence, la plus vénérable ; Trèves, la plus ancienne ; et Cologne, la plus riche. *Grandidier, Œuvres inédites, T. I, p. 461.*

Dès le VIIIe siècle l'église de Strasbourg avait été pourvue d'une organisation régulière qui, en distribuant les services et les pouvoirs, allégeait le fardeau épiscopal devenu dans un si vaste diocèse trop lourd pour un seul homme. A cette fin l'illustre évêque Heddon, de l'agrément de Charlemagne et du pape Adrien Ier, divisa son diocèse en sept archidiaconés, gouvernés par autant d'archidiacres, qu'il choisit parmi les dignitaires de la cathédrale et auxquels il soumit les doyens ou archiprêtres ruraux. Le pape Adrien, dans sa bulle du 4 avril 774, détermine ainsi qu'il suit les droits de ces archidiacres : « Ut singuli Archidiacones subditos in lege Dei utiliter instruerent, ac episcopalem curam, præter penitentium reconciliationem, omnimodis gererent, altaria concedendo, ecclesias judiciali ordine cum sigillo Episcopi claudendo, clericos ab officio divino suspendendo, ac quecumque ipsi corrigere per se non valerent, ad presentiam nominati Ethonis, vel suorum successorum emendanda deferre valeant. » Les archidiacres étaient à la nomination de l'évêque et ils jouissaient du privilège de l'inamovibilité. Voici maintenant quels étaient ces sept archidiaconés ainsi que leurs titulaires et le ressort de leur juridiction.

1. Le premier archidiaconné appelé cathédratique, ou celui du grand-prévôt, s'étendait sur les chapitres ruraux d'Andlau et de Benfeld, et de plus au XVIe siècle, sur ceux de Schlestadt et du Mont-des-Frères ou d'Obernai.

2. L'archidiaconné du grand-doyen, situé entre la Zorn et la Moder et entre la Moder et le Rhin, comprenait les archiprêtrés du Haut et Bas-Haguenau.

3. Les deux chapitres de Molsheim ou Biblenheim, et de Saverne ou Bettbur, formaient l'archidiaconné de la Marche soumis au grand-custos.

4. Ceux de Markolsheim et de Rhinau appartenaient à l'archidiaconné *infra Rhenum et Alsam* relevant du grand-camérier.

5. Le grand-chantre était l'archidiacre des chapitres de Schlestadt et d'Oberehnheim.

6. Le grand-portier était l'archidiacre des paroisses de la ville de Strasbourg et de ses environs.

7. Enfin, les trois chapitres d'Offenbourg, d'Otterswyr et de Lahr constituaient l'archidiaconé du grand-écolâtre.

Les deux dignités de grand-chantre et de grand-portier ayant été éteintes au XVIe siècle, la juridiction du premier fut unie à celle du grand-prévôt, et celle du second fut soumise à la juridiction du grand-custos : par ce fait, les archidiaconés étaient réduits au nombre de cinq. Ceux-ci subsistèrent jusqu'en 1686 : le 3 mai, l'évêque Guillaume de Furstenberg, par un accord conclu avec son grand-chapitre, supprima les dignités des archidiacres et unit leur officialité à la sienne.

La division en archiprêtrés fut maintenue jusqu'à la Révolution. Le diocèse de Strasbourg dont la métropole était alors Mayence, comptait 13 archiprêtrés : 10 en-deçà et 3 au-delà du Rhin. Il était borné par les diocèses de Spire, de Constance, de Bâle, de Metz et de Toul ; son étendue était de 25 lieues de longueur sur 21 de largeur; et on y comptait environ 343 paroisses.

La constitution civile du clergé convertit en évêché chaque département; mais par la nouvelle circonscription des diocèses de France en 1802, le siége de Strasbourg s'étendit sur le Haut et le Bas-Rhin ainsi que sur le département du Mont-Terrible, composé de la principauté de Porrentruy et des comtés de Montbéliard et de Bienne. Par ce fait, le diocèse de Strasbourg empiéta sur les diocèses de Spire, Metz, Besançon, et absorba presque entièrement l'ancien évêché de Bâle. Il avait alors 60 lieues de longueur et 14 de largeur et renfermait 1353 communes avec une population de 850000 âmes, dont 580000 catholiques, 184000 luthériens, et 54000 calvinistes. L'organisation des justices de paix servit de base à l'organisation des paroisses. Il fut érigé 10 cures de 1re classe, à savoir : Saint-Laurent, Saint-Pierre-le-Jeune, Saint-Jean et Sainte-Madeleine, à Strasbourg ; Haguenau, Schlestadt, Colmar, Sainte-Marie, Mulhouse et Landau ; 64 cures de 2e classe, dont 37 dans le Haut-Rhin ; 691 succursales avec 497 annexes, desquelles le Haut-Rhin comptait 215 annexes et 377 églises paroissiales. En 1816 le diocèse était diminué des arrondissements de Porrentruy et de Délémont qui avaient été rendus à la Suisse, des cantons de Montbéliard et d'Audincourt qui furent réunis au département du Doubs, et des quatre cantons de Bergzabern, Candel, Dahn et Landau, faisant partie du Palatinat. — Voici du reste un tableau comparatif des paroisses du diocèse à différentes époques. Ces chiffres, je les ai puisés dans le manuscrit de l'intendant de Lagrange, dans les annuaires et dans nos Ordos.

Après la Réforme le nombre des curés de l'évêché de Strasbourg était de 180, dont 26 qui desservaient plusieurs paroisses où le culte était mi-partie ; les luthériens possédaient 167 paroisses.

Avant la Révolution.	Après la Révolution.	1824	1841	1874	1875
267 paroisses 76 au-delà du Rhin	74 curés 691 suc.	73 588 (119 vicar.)	74 596 (193)	76 659 (220)	74 618 (210)
343	765	661	670	735	692

On compte aujourd'hui dans le Haut-Rhin 25 cantons, 28 cures, 296 paroisses, 20 annexes, environ 104 vicariats rétribués par l'État ; et dans le Bas-Rhin 35 cantons, 46 cures, 322 paroisses, 89 annexes et environ 107 vicariats.

Avant la Révolution on comptait dans la seule partie cis-rhénane du diocèse de Strasbourg, 107 églises mixtes ; en 1841 il y en avait 126 dans toute l'Alsace ; actuellement il en reste 11 dans le Haut-Rhin, et 87 dans le Bas-Rhin sur lesquelles 49 sont églises paroissiales.

Voici maintenant quelques chiffres qui indiquent le mouvement de la population.

	1791	1804	1824	1841	1861	1875
B.-Rh.	418,132	500,296	502,678	560,113	578,285	588,947
H.-Rh.	293,013	324,078	369,502	457,629	515,802	454,231
	711,145	824,376	872,200	1,017,742	1,094,047	1,043,178

Un annuaire de l'an 1803 accuse pour l'Alsace une population de 850000 habitants, sur lesquels 580000 cath., 184000 prot., 919 anab., 11241 israélites.

Le relevé de notre Ordo de 1877 donne :

	Catholiques.	Protestants.	Dissid.	Israélites.
B.-Rh.	381,383	185,147	1,051	20,161
H.-Rh.	389,940	51,144	1,067	12,000
	771,323	237,291	2,118	32,241

III.

TITRES OU BÉNÉFICES.

Dès le VIIIe siècle, le diocèse de Strasbourg était distribué, ainsi que nous l'avons rapporté plus haut, en archidiaconnés, en archiprêtrés ou chapitres ruraux, et en cures ou paroisses; sous la crosse épiscopale nous voyons se ranger les archidiacres, les archiprêtres et les curés. Nous allons présenter quelques brièves indications sur ces divers titres et offices.

§ 1. — On appelle diocèse (διοίκησις administration) les églises d'un territoire limité sur lesquelles s'excerce la juridiction de l'évêque, le chef et le premier pasteur du diocèse. Le mot église, ἐκκλησία ou κυριακόν, est employé tantôt pour les assemblées des fidèles, tantôt pour le lieu où ces assemblées se tiennent. Selon la première acception du mot, on donne aussi le nom d'église au diocèse et on dit indistinctement, *v. g.* le diocèse ou l'église de Strasbourg. Envisagées comme édifices, les églises prirent diverses dénominations. Les païens appelaient *temples* les édifices voués au culte de leurs idoles; aussi l'Église eut-elle soin de ne pas désigner de ce nom les édifices sacrés, mais elle leur donna celui de *basilique ou d'église*. Les basiliques, maisons royales, étaient des palais de justice ou cours de commerce, qui sous Constantin furent affectés au culte chrétien, ou servirent de type architectural aux églises qu'on construisit alors. Dans les siècles suivants il y eut des églises appelées *minimi tituli* : elles appartenaient à de simples prêtres ; et les *Plèbes* : c'étaient celles des archiprêtres. Le baptême était exclusivement conféré dans ces dernières, lesquelles par le fait s'incorporaient tout le peuple chrétien du ressort ; le mot *plebs*, peuple, s'étendit aux églises, *plèbes*, et à leurs titulaires, *plebani* ou plébans.

Après cela nous avons à nommer :

L'église cathédrale, la principale église du diocèse, celle où l'évêque a sa chaire (cathedram) ; elle emprunte son nom au siége épiscopal. Je ne fais pas mention des églises relevant de dignitaires supérieurs à l'évêque, telles que les églises métropolitaines, primatiales, etc.

Les églises collégiales sont celles où le service religieux se fait par un collége ou chapitre de chanoines. L'église paroissiale est celle où le curé exerce ses fonctions et de laquelle il porte le titre. Elle s'appelait aussi *église baptismale* ou *église-mère*: « dicitur ecclesia matrix quia generat per baptismum. » Strictement, la qualification de mère-église ne revient qu'à l'église cathédrale, qui par sa primauté et son ancienneté est censée la mère de toutes les autres ; mais on donne ce titre à toute église sous la dépendance de laquelle se trouvent d'autres églises appelées filiales ou églises de secours.

Viennent enfin les oratoires publics ou privés, les chapelles de communauté et les chapelles domestiques, dont nous n'avons pas à entretenir le lecteur.

ARCHIDIACONNÉS.

§. II. — L'archidiaconné est une partie du diocèse, qui s'étend sur plusieurs chapitres ruraux et qui est soumise à la juridiction déléguée de l'archidiacre. La dignité d'archidiacre remonte aux temps apostoliques ; elle se conférait, non pas comme dans l'ordre des prêtres, à l'ancienneté, mais à l'habileté et au mérite. L'archidiacre était le premier des diacres, c'est-à-dire le premier des ministres de l'évêque dans l'administration temporelle du diocèse. La nature de ses fonctions devait bientôt développer son pouvoir et son autorité. Il devint pour le spirituel comme pour le temporel, le délégué général de la juridiction de l'évêque. Dès le VIe siècle il obtint la préséance et la juridiction non-seulement sur les prêtres, mais encore sur les archiprêtres : « *Archipresbyter vero se esse sub archidiacono ejusque præceptis, sicut episcopi sui, sciat obedire.* » *Epist. Isid. ad Luidf*. Les conciles l'appellent *l'œil et la main* de l'évêque. Dans les décrétales, il est dit : « *ut archidiaconus post episcopum sciat episcopi se vicarium esse in omnibus et omnen curam in clero..... ad se pertinere.* » Il n'y eut d'abord qu'un archidiacre dans chaque diocèse ; plus tard il en fut créé plusieurs dans les diocèses étendus, et l'archidiacre de la cathédrale prit le titre de grand-archidiacre. Leur juridiction n'était que déléguée, mais aux Xe et XIe siècles, elle tourna en droit commun, et nous voyons les archiprêtres s'ériger en juges ordinaires, s'approprier dans leur ressort la juridiction contentieuse et établir leur tribunal en concurrence avec la cour épiscopale. Les évêques, ainsi dépouillés de la plus grande partie de leur juridiction, s'appliquèrent à mettre un frein aux empiètements des archidiacres, en multipliant d'une part les archidiaconnés, et d'autre part en confiant la juridiction gracieuse à des vicaires généraux et en nommant des officiaux pour les affaires contentieuses. Le concile de Trente interdit aux archidiacres de juger *motu proprio* les causes criminelles et matrimoniales, et il leur ordonna de faire la visite des églises, en personne, et non plus par délégation. Ainsi la juridiction des archidiacres ayant été amoindrie, supprimée, leur dignité disparut, et leurs titres furent éteints dans certains diocèses ; là où ils continuèrent de subsister, ils ne furent point différents de ceux des vicaires généraux.

ARCHI-PRÊTRES.
§ III. — Dans la primitive Église il y avait dans chaque diocèse un archiprêtre, le premier des prêtres ; un archidiacre, le premier des diacres ; et un primicier, le premier des clercs. L'archiprêtrise n'était pas alors un office, mais une simple dignité qui se conférait au prêtre le plus ancien d'ordination. Il était le vicaire de l'évêque, son suppléant dans les fonctions du saint ministère, et il occupait la première place après lui ; les Latins l'appelaient *Archipresbyter* et les Grecs πρωτοπρεσβύτερος ou protopape. S. Jérôme affirme que toutes les églises cathédrales avaient leurs archiprêtres. Avec le nombre croissant des fidèles et des paroisses, on vit aux Ve et VIe siècles des archiprêtres préposés à certaines églises de campagne et partageant in *spiritualibus* la sollicitude épiscopale. Les décrétales de Grégoire IX mentionnent la distinction entre les archiprêtres des églises cathédrales et ceux des églises rurales. « *Singulæ plebes archipresbyterum habeant.* » Sous les rois carolingiens les diocèses furent divisés en archidiaconnés et en archiprêtrés ou doyennés ; ceux-ci sont renfermés dans ceux-là, et les archiprêtres, soumis aux archidiacres, exercent eux-mêmes une certaine juridic-

tion sur les prêtres et les églises de leur ressort. Les archiprêtres avaient le droit et le devoir de visiter les églises et les écoles, d'exciter les criminels à la pénitence publique, de présenter les Ordinands à l'évêque, de résoudre les cas litigieux de moindre importance. Ils devaient rendre compte à l'évêque qui les nommait, mais qui ne pouvait les déposer que dans un synode. Ils réunissaient aussi et présidaient, le premier de chaque mois, les calendes ou conférences. Dans ces calendes on lisait les capitulaires, les statuts diocésains, on conférait des devoirs et des obligations du saint ministère. Les prêtres de l'archiprêtré ainsi réunis se considéraient comme un chapitre; ils en prirent le nom, en y ajoutant le qualificatif de rural pour se distinguer du chapitre de la ville épiscopale. Ils élisaient entre eux le *senior* qui dans la suite fut appelé *camerarius*, et quelquefois même ils nommaient de l'agrément de l'évêque l'archiprêtre. Celui-ci et le camérier choisissaient deux définiteurs qui étaient chargés du temporel du chapitre. Dans certains diocèses les archiprêtres s'étaient appropriés en partie le droit de *déport*, c'est-à-dire le revenu des cures vacantes, ainsi que celui de *dépouille*, qui consistait à prélever l'un ou l'autre objet appartenant au curé défunt du ressort. Les vicaires forains que S. Charles établit dans son diocèse, ne différaient des archiprêtres que par leur amovibilité. Aujourd'hui ces titres subsistent encore, mais ils sont purement honorifiques, ne confèrent aucune juridiction, et généralement ils ne sont plus que l'apanage des curés de cathédrale.

§ IV. — Les mots *paroisse* et *cure* s'emploient indistinctement; cependant la cure indique plutôt l'office ou le titre, tandis que la paroisse désigne le territoire circonscrit qu'habitent les fidèles confiés à la direction spirituelle du curé. Durant les premiers siècles il n'existait point de paroisse dans les campagnes, et dans les villes il n'y avait que l'église épiscopale, à laquelle étaient attachés les prêtres et les diacres qui avec l'évêque formaient le *presbyterium*. L'évêque administrait son église et remplissait l'office pastoral; les prêtres et les clercs l'assistaient et le suppléaient dans les fonctions du saint ministère pour lesquelles ils étaient spécialement délégués. Mais avec le nombre croissant des fidèles, il fallut non pas seulement multiplier les églises dans certaines villes comme à Rome et Alexandrie, mais en ériger aussi dans les campagnes, y fixer des prêtres, et afin d'éviter la confusion ou la division, circonscrire les territoires : ainsi les paroisses étaient créées. Jusqu'au VIe siècle, elles étaient appelées *tituli*; pour distinguer les églises gouvernées par les archiprêtres de celles des simples prêtres, on donna aux premières le nom de *plèbes* ou *églises baptismales*, et aux secondes celui de *minimi tituli*. Plus tard les unes et les autres prirent la dénomination générale de *parœciæ*, paroisses ou cures, et il y eut : les paroisses de *ville* et celles de *campagne*; les cures *séculières*, administrées par des prêtres séculiers, et les cures *régulières*, placées sous la conduite de religieux ; les *cures-prieurés*, dont le titulaire était un religieux attaché à une cure sécularisée; les cures *exemptes*, *nullius diœceseos*, qui étaient entièrement soustraites à la juridiction de l'évêque diocésain. Au sujet de ces dernières, j'observerai que, l'évêque étant le pasteur ordinaire du diocèse, toutes les cures régulières et séculières étaient primitivement soumises à sa juridiction. Les exemptions accordées jusqu'au IXe siècle ne tendaient qu'à favoriser le libre développement des institutions monastiques sans porter atteinte à la juridiction épiscopale ; mais à partir de cette époque on vit surgir et se multiplier à l'envi des abbayes, des couvents, des églises de nul diocèse. Le Saint-Siége lui-même enraya ce mouvement, et le concile de Trente, tout en maintenant le privilége des exemptions, ne permit plus que le ministère pastoral, même exercé par un régulier dans une église régulière, pût s'affranchir de la juridiction de l'Ordinaire.

Parmi les cures on distinguait encore les cures *primitives, incorporées, à portion congrue, les cures-rectorats, plébanats et les vicariats perpétuels* : toutes dénominations qui reviennent à dire qu'il y avait des paroisses desservies par d'autres prêtres que ceux qui en percevaient le revenu. L'union ou l'incorporation des cures aux abbayes, couvents et chapitres donna lieu en grande partie à cet état de choses. Cette union était complète, *jure pleno*, ou incomplète, *jure minus pleno*. Dans le premier cas, l'incorporation absorbant le spirituel et le temporel, le supérieur de la communauté devenait le curé actuel de la paroisse, que d'ordinaire il faisait administrer par un de ses religieux.

Celui-ci ne pouvait être placé ni déplacé sans l'assentiment de l'évêque, auquel il avait à rendre compte de sa gestion pastorale. L'incorporation *jure minus pleno* n'affectait que le temporel ; elle donnait droit à tous les revenus de l'église, mais à charge d'y établir un prêtre séculier auquel était allouée sur les revenus une part convenable pour sa subsistance, désignée sous le nom de *portion congrue*. Ce prêtre chargé du soin des âmes, était le *parochus secundarius sive actualis* ; il avait le titre de *vicaire perpétuel*, et dans certains diocèses, celui de *pléban* lorsqu'il était choisi par une communauté ou un chapitre. De là, les noms de cure à portion congrue, plébanat et vicariat perpétuel. Mais communément ce prêtre desservant était appelé *curé* ; aussi, il l'était vraiment, il en faisait les fonctions, il en avait l'inamovibilité, et dans son ministère il était indépendant du curé primitif et ne relevait que de l'évêque. Le concile de Trente lui assigna comme portion congrue le tiers de tous les revenus de l'église, et une ordonnance royale de 1629 porte ce qui suit : « Les cures qui sont unies aux abbayes, prieurés, églises cathédrales ou collégiales, seront dorénavant tenues à part et à titre de vicairie perpétuelle, sans qu'à l'avenir les dites églises puissent prendre sur icelles cures autres droits qu'honoraires, tout le revenu demeurant au titulaire, si mieux les dites églises ou autres bénéfices dont dépendent les dites cures n'aiment fournir aux dits vicaires la somme de 300 livres par an. » Outre cette somme assignée comme portion congrue aux vicaires perpétuels, ceux-ci avaient encore droit aux offrandes, honoraires et droits casuels, ainsi qu'aux dîmes novales. « Pourront néanmoins les dits curés primitifs, s'ils ont titre ou possession valable, continuer de faire le service divin aux quatre fêtes sollennelles et le jour du Patron : auxquels jours seulement, lorsqu'ils feront actuellement le service et non autrement, ils pourront percevoir la moitié des oblations et offrandes tant en argent qu'en cire, et l'autre moitié demeurera au dit curé et vicaire perpétuel. » *Décl. 2 mars 1690.* Hors de là, le curé primitif n'avait pas le droit de se mêler de l'administration de la paroisse; il ne pouvait assister aux conférences des vicaires perpétuels, ni aux réunions des marguilliers.

Quant aux *cures rectorats*, elles ne figurent pas sous cette dénomination dans les traités de droit canon. En Bretagne tous les curés sont appelés recteurs ; chez nous l'usage a réservé ce titre à la plupart des curés cantonaux de la Basse-Alsace; mais avant la révolution la cure-rectorat dans notre diocèse était à notre avis toute cure *sui juris*, desservie par le curé en titre et ne dépendant ni d'un chapitre ni d'une communauté religieuse.

Le *vicariat perpétuel* était un bénéfice à charge d'âmes, incompatible avec un autre bénéfice de cette nature, obligeant le titulaire à la résidence et lui conférant un titre irrévocable, avec une portion congrue, fixe et déterminée.

Enfin, la *chapellenie* est un bénéfice simple attaché à un autel, ou à une chapelle renfermée dans l'enceinte d'une église; le titulaire s'appelle chapelain, *capellanus.* Lorsque le bénéfice est fixé à une chapelle située hors de l'église, il est appelé *chapelle*, et le bénéficier, *recteur de chapelle.* Les chapelles (cappa, chape de Saint-Martin) remontent à l'origine du christianisme; elles furent érigées par la piété des fidèles sur les tombeaux des martyrs et désignées sous le nom de *martyria.* Plus tard les princes, les grands, les dignitaires de l'église eurent leurs oratoires; de là, les saintes chapelles ou chapelles royales, les chapelles domestiques, etc. La *chapelle papale* se dit de l'office solennel que célèbre ou préside le Pape assisté de ses cardinaux et de ses prélats. Enfin on donne aussi ce nom aux vases sacrés et aux ornements requis pour la célébration et personnels à l'évêque ou à un prêtre.

Ce que nous venons de dire au sujet des différentes espèces de paroisses, s'applique aussi à leurs titulaires ou aux curés. Les Latins ont désigné les curés sous différents noms ainsi que l'apprend et explique Barbosa dans son traité de *Paroch. Officio* : « Parochus a parochiâ dicitur; plebanus a plebe qui sub ejus curâ regitur; rectores quia populum sibi commissum regunt; curati a curâ quam de regendis ovibus suscipere debent. » Ajoutons le nom de *proprius sacerdos* qui leur avait été donné d'abord. On distingua dans la suite : les curés urbains et ruraux, les curés séculiers et réguliers, les curés décimateurs et congruistes, les curés primitifs ou habituels et les curés secondaires ou actuels, les curés recteurs et les vicaires perpétuels. Je ne nomme pas les curés doyens ou archiprêtres ruraux dont il a été question. Toutes ces dénominations ayant été expliquées plus haut, nous n'avons plus que quelques observations à présenter.

Les curés jouissaient autrefois de certains droits *in foro externo*; ils sont pasteurs ordinaires dans leurs paroisses, et de droit commun ils sont inamovibles. D'après les ordonnances du royaume, nul ne pouvait être admis au bénéfice-cure à moins d'être prêtre et d'avoir 25 ans. — Pour être curé dans une ville murée, *in civitatibus et in villis muralis*, il fallait d'après ces mêmes ordonnances des rois de France, avoir fait trois ans de théologie ou de droit, et être gradué, sous peine de nullité du titre. — Quant aux curés moines ils ne sont pas conformes à l'esprit des canons. L'Église a toujours reconnu une certaine incompatibilité entre les exercices du cloître et les fonctions curiales, c'est pourquoi elle a éloigné les moines de la conduite des paroisses. Il est vrai qu'à partir du IX⁰ siècle la plus grande partie des églises leur furent confiées. L'habileté que les religieux déployèrent dans le ministère de la prédication, la pénurie du clergé séculier, les nombreuses incorporations de paroisses furent la cause de cette dérogation à l'ancienne discipline. Mais dès que l'Église put se passer du concours pastoral des moines, elle s'empressa de les rendre à leur premier état. Et si elle leur permit de posséder des cures, ce fut à la condition qu'ils y établiraient des vicaires perpétuels, qui, réguliers ou séculiers, étaient placés sous la juridiction de l'évêque. On fit cependant une exception en faveur des chanoines réguliers auxquels on laissa la conduite des paroisses; mais cette exception même, Benoît XIV la restreignit aux seuls chanoines de l'ordre des Prémontrés. — L'esprit de l'Église n'est pas plus favorable aux *curés primitifs* qu'aux curés réguliers. On entend par curés primitifs ceux qui, d'un bénéfice cure, s'étant réservés le titre joint à certains droits honorifiques et utiles, abandonnèrent le soin des âmes à un vicaire perpétuel. Diverses causes les ont fait naître, telles que les incorporations de paroisses, la promotion à une dignité, les bénéfices originairement cures, l'érection d'une nouvelle paroisse par le démembrement de l'ancienne, la construction ou la dotation d'une église aux dépens d'une autre, etc. J'ai suffisamment indiqué la position respective des curés primitifs et des vicaires perpétuels, *tenant lieu de curés*. Outre ceux-ci, il y avait encore des vicaires perpétuels, *assistant les curés* dans le ministère paroissial. Enfin venaient les vicaires amovibles, les prêtres de secours et les chapelains. Ceux-ci variaient leurs titres selon la qualité des chapelles auxquelles ils étaient attachés.

BÉNÉFICES. § V. — Tous ces offices ou titres hiérarchiques que nous venons de traiter succinctement, étaient *des bénéfices*. « On a d'abord appelé de ce nom, est-il dit dans Thomassin, les fonds que les princes donnaient aux officiers de guerre et aux soldats, avec obligation de servir à leurs dépens. » Ces fonds furent affectés dans la suite aux églises et conservèrent le nom qui leur avait été donné. Les auteurs entendent par bénéfice *le perpétuel droit au revenu fixé à un office ecclésiastique, établi par l'autorité compétente*. Dans le bénéfice, qu'il ne faut pas confondre avec les commendes, les *stipendia* et les prébendes, on distingue l'office et le revenu, *beneficium propter officium*. Primitivement le bénéfice consistait en distributions manuelles et il était inséparable de l'ordre, c'est-à-dire que l'évêque n'ordonnait personne à qui il n'assignât aussitôt des fonctions saintes à exercer dans une église déterminée, laquelle devait subvenir à l'entretien de ses desservants. De la sorte, la résidence était indispensable, et la pluralité des bénéfices, si contraire à l'esprit de l'Église, ne pouvait avoir lieu.

On distingue plusieurs espèces de bénéfices. Considérés dans leurs titulaires, ils sont réguliers ou séculiers, *regularia aut sæcularia*, selon qu'ils peuvent être conférés à des clercs engagés, ou non, dans un ordre religieux. Envisagés dans l'office, ils sont simples ou doubles, *simplicia aut duplicia*. Les bénéfices simples ne sont chargés d'aucune administration ni d'aucune juridiction. On les appelle *residentialia* quand ils exigent la résidence, *sacerdotalia* lorsqu'ils réclament le caractère sacerdotal. Les bénéfices doubles imposent le soin des âmes, d'une église, d'un office avec ou sans juridiction. Notons encore les bénéfices *majora et minora*. Dans le nombre des premiers il faut placer tous les offices ou dignités qui confèrent juridiction *in foro externo*, tels que les archidiaconnés, les évêchés, etc. Les bénéfices sont compatibles ou incompatibles, *compatibilia sive incompatibilia*, lorsqu'ils admettent ou excluent la possession simultanée de deux bénéfices dans une seule et même personne. Enfin, il était pourvu aux bénéfices par collation, par élection, et en vertu du patronage; de là, les bénéfices appelés *collativa, electiva patronata*.

Sous le nom de *bénéficier* on désigne le titulaire d'un office. Pour le devenir il fallait être clerc; l'âge variait suivant la nature des bénéfices; les biens affectés aux bénéfices étaient inaliénables; et nul ne pouvait posséder à la fois deux bénéfices à charge d'âmes.

§ VI. — Le droit au bénéfice ou à une honnête subsistance pour ceux qui sont voués au service des autels et des peuples, est aussi ancien que la religion; il est inscrit dans la loi naturelle, dans la législation mosaïque

DIMES.

et dans l'Évangile ; et c'est à ce point de vue que les dîmes ont été qualifiées de *jure divino*. « *Nescitis* est-il dit dans S. Paul, *quoniam qui in sacrario operantur, quæ de sacrario sunt, edunt ; et qui altari deserviunt cum altari participant ?... Ita et Dominus ordinavit iis qui evangelium annuntiant, de evangelio vivere: 1 Cor. 7, 14.* Ce droit reconnu par tous les peuples et dans tous les siècles, ne devait pas être livré à l'instabilité et au caprice, c'est pourquoi il fut déterminé et sanctionné dans l'ancien Testament par l'institution des dîmes légales ; dans la nouvelle Loi les chrétiens des siècles primitifs n'eurent besoin que d'écouter leur piété pour subvenir généreusement à l'entretien du culte et de ses ministres. Le divin Maître, envoyant ses apôtres prêcher l'Évangile, leur recommanda de n'emporter ni or ni argent, ni de quoi vivre, car ajouta-t-Il, « Dignus est enim operarius cibo suo, mercede suâ. » Lui-même accompagné de ses disciples, trouva partout le nécessaire à la vie, offert par la libéralité des fidèles. Outre cela, nous voyons entre les mains de l'apôtre infidèle, *loculos habens,* la bourse de réserve pour l'avenir et pour les pauvres. Puis vinrent les biens mis en commun, les oblations mensuelles, les collectes, les prémices, les dîmes qu'au témoignage de S. Cyprien, les fidèles de son temps acquittaient avec zèle. Lorsqu'au sortir de sa lutte avec le paganisme, l'Église apparut sous Constantin triomphante, mais ensanglantée, déchirée et dénuée de tout, on vit les princes et les grands de la terre lui prodiguer à l'envi leurs largesses, en la dotant de biens fonds qui constituèrent son patrimoine. Elle en fit quatre parts, dont les deux premières étaient pour l'évêque et le clergé, et la troisième, pour les pauvres ; la dernière était affectée à l'entretien du culte et des édifices sacrés. Mais pendant les invasions, l'Église perdit une grande partie de ses biens ; pour se créer de nouvelles ressources, elle eut recours au prélèvement général de la dîme, qui avait été en usage jusqu'alors, mais en dehors de toute contrainte légale. Charlemagne, le grand protecteur des intérêts de l'Église, rendit les dîmes obligatoires dans tout son empire, en les inscrivant dans ses capitulaires, et à partir de cette époque jusqu'à la révolution, la dîme ne cessa de fonctionner comme un tribut réglé par la loi.

Sous la loi mosaïque, la dîme était *decima pars*, la dixième partie des produits de la terre que l'homme offrait à Dieu, *in recognitionem supremi dominii Dei*, et que Dieu abandonnait aux Lévites qui desservaient le Tabernacle. Sous la loi chrétienne, la dîme ne différa pas dans sa nature et dans son objet de la dîme mosaïque, seulement elle n'était pas nécessairement la dixième partie ; la quantité dépendait des conventions et des usages de temps et de lieux. On distinguait plusieurs sortes de dîmes, suivant la nature des produits :

Les dîmes *personnelles*, prélevées sur le travail ou l'industrie de l'homme. Les dîmes *réelles* se percevant sur les biens frugifères ; elles étaient appelées *prædiales veteres* quand elles provenaient de terres depuis longtemps en pleine culture, *et prædiales novales*, *ou dîmes novales* lorsqu'elles étaient perçues dans des terres récemment défrichées. Les dîmes *mixtes* provenaient en partie de l'industrie, en partie des produits de la nature, tels que le beurre, le fromage. Les dîmes prélevées sur les provenances des bergeries et des basses-cours s'appelaient *decimæ animalium, Blut-Zehent*. Il y avait encore les grosses et les menues dîmes, *decimæ majores et minutæ*. Les produits de la principale culture du pays constituaient les premières, tandis que les autres étaient tirées des vergers, potagers, etc. Ajoutons les dîmes *solites* ou usuelles, et les dîmes *insolites*, d'un usage nouveau; les dîmes *propres*, en nature, et les dîmes *impropres*, en argent; enfin les dîmes *laïques* et les dîmes *ecclésiatiques*. — Dans son institution et dans son objet la dîme est essentiellement ecclésiastique, puisqu'elle a été établie pour subvenir à l'entretien des ministres de la Religion. Aussi les saints canons ont-ils invariablement statué que les laïques sont incapables de jouir du droit actif des dîmes, c'est-à-dire du droit de percevoir les dîmes ecclésiastiques. Les dîmes perçues en raison d'un office spirituel ne peuvent jamais être laïques : « *Ratio est, quia hoc ipso, quod laïci officia spiritualia præstare nequeant, ex titulo officii spiritualis decimas nullatenus percipere possunt.* » *Suarez*. Quant aux autres dîmes prélevées par l'église, elle peut les abandonner à des laïques, elle l'a fait en temps de guerre pour sa propre défense et celle de l'état, pour augmenter le nombre de ses serviteurs ou de ses vassaux, pour récompenser des services rendus : de là, sont venues les *dîmes inféodées*, données à titre de fief. Mais afin de couper court aux abus auxquels celles-ci donnèrent lieu, le concile de Latran (1179) ne permit plus l'inféodation des dîmes aux laïques sans le consentement du Souverain Pontife.

On appelle *décimateur* celui qui perçoit les dîmes.

Le droit du décimateur était *universel* ou *particulier*, selon qu'il pouvait s'exercer dans toutes les terres, ou seulement dans une partie des terres d'un ban, d'une paroisse. Lorsqu'il s'imposait à tous les produits, il était *jus plenum*, et *jus minus plenum* lorsqu'il était restreint à certaines espèces de fruits. — En principe, au curé seul appartenait le droit universel et complet de la dîme dans la paroisse. « *De jure communi decimæ debentur parochis.* » Mais de fait les usages, les conventions, l'arbitraire modifièrent ce droit, de telle sorte que dans un grand nombre de paroisses les curés étaient réduits tantôt aux grosses dîmes, tantôt aux menues dîmes et fort souvent à la simple portion congrue. — On s'est beaucoup élevé contre la dîme dont on ne craint et ne désire le retour; mais généralement on a oublié de faire connaître les charges qui pesaient sur les décimateurs, lesquels, à défaut de décimateur universel, étaient tenus solidairement et *proratâ* de réparer et d'entretenir le presbytère et le chœur des églises paroissiales, de fournir les vases sacrés, les ornements et les choses nécessaires au culte, ainsi que la portion congrue, là où le curé n'était pas décimateur.

La dîme avec ses charges et ses priviléges fut supprimée dans la nuit du 4 août 1789; les représentants ecclésiastiques de l'assemblée nationale y renoncèrent par un acte libre et spontané; mais elle ne fut légalement et canoniquement abolie en France qu'en vertu de l'article 13 du concordat. « Ainsi dit le D. André, disparut cette vieille et vénérable institution qui remonte à Moyse. Le clergé anglican très-positif de sa nature, perçoit encore aujourd'hui en dîmes la jolie somme de 8,896,000 livres sterling, ou 222,400,000 francs, revenu qui surpasse celui de toutes les églises chrétiennes d'Europe réunies. J'ajouterai : Et le clergé de France, toujours très-dévoué à sa haute mission, perçoit aujourd'hui, en indemnité des biens ecclésiastiques que l'État s'est appropriés, le traitement.... qu'on sait, et que *certains* trouvent encore exorbitant.

PATRONAGE.

§ VII. — Après avoir examiné les divers offices des archidiacres, des archiprêtres et des curés, les bénéfices et les dîmes, il nous reste encore à voir comment les bénéficiers, et particulièrement les curés, obtenaient la jouissance de leurs titres. Mais dans cette matière, comme dans les précédentes, il faut nous en tenir à des indications générales.

Les bénéfices, a-t-il été dit plus haut, sont *collativa, electiva, patronata*. Les bénéfices majeurs se conféraient d'ordinaire par la voie des suffrages; les bénéfices moindres se donnaient en vertu de la nomination ou du patronage. Mais quel que fût ou soit le mode de conférer les bénéfices, rappelons que c'est à l'Église et à Elle seule, qu'appartient le droit imprescriptible de choisir, de nommer et d'instituer ses ministres[1]. Dans le diocèse, l'évêque, en sa qualité de pasteur ordinaire

---

1. *Der Kirche kann wiederum das Recht aus natürlichen Gründen, nicht bestritten werden ihre Organe, ihre Beamten und Diener selbstständig zu ernennen; denn sollen diese ihr angehören und ihr dienen, so müssen sie auch von ihrem Geiste erfüllt und nicht von fremder Macht gewissermassen als fremde Glieder an ihren Körper geheftet worden sein. Die blos allgemeinen Vorbedingungen der kirchlichen Weihen entscheiden noch nicht; auch unter den allgemeinen Fähigen den rechten Mann zu finden, kommt voraus dem Körper zu, zu welchem diese gehört und zu dessen Bedürfnissen sie dient.* — BLUNTSCHLI, allg. Staatsreg.

en qui réside la plénitude sacerdotale, peut seul ordonner des clercs, et seul, il peut aussi distribuer les offices pour le gouvernement des églises qui lui sont directement confiées. Il est donc le seul collateur ordinaire des paroisses de son diocèse. — *Par collateur* on entend celui qui a le droit de conférer un bénéfice, et *par collation*, la concession canonique d'un bénéfice, « *translatio juris in beneficium.* » Lorsque l'évêque choisit, nomme et institue, sa collation est libre, *collatio libera;* quand au contraire il est tenu d'instituer le sujet présenté par un tiers, appelé *patron*, son droit est restreint, *collatio necessaria.* Ces mots de collateur et collation appliqués à des personnes laïques, ou à des clercs sans juridiction *in foro externo*, ne désignent que le droit de présentation (*jus præsentationis*) et la personne qui jouit de ce droit, lequel constitue le principal privilége de l'institution du patronage. Selon la définition de Panorme le patronage est un droit honorifique, onéreux et utile, qui appartient à quelqu'un sur une église que lui ou ses auteurs ont fondée, dotée ou reparée du consentement de l'évêque. En d'autres termes plus succincts, le patronage est l'ensemble de certains droits acquis à toute personne par la fondation et la dotation de l'église.

Le patronage est issu de la libéralité des fidèles et de la reconnaissance de l'église. Celle-ci pour stimuler le zèle des fidèles et récompenser leurs bienfaits, accorda aux fondateurs d'églises certains priviléges, qui dans la suite des temps constituèrent l'institution du patronage telle qu'elle fonctionna jusqu'à la révolution. Au commencement les noms des fondateurs étaient inscrits dans les diptyques sacrés, ou donnés aux églises elles-mêmes. Quant au droit de concourir à la nomination des curés, les monuments ecclésiastiques n'en font mention qu'aux IV⁰ et V⁰ siècles ; Justinien en parle dans son code comme d'un usage généralement établi. En 441 le concile d'Orange accorda aux évêques fondant une église dans un diocèse étranger le droit d'y nommer un titulaire. Cette concession s'étendit bientôt aux laïques ; personnelle d'abord aux fondateurs, elle devint héréditaire dans la suite. Le nom de *patron* ne figure pas avant le IX⁰ siècle ; jusqu'alors on avait employé celui de *fundator* ou *senior*.

La multiplicité des patronages créés par les fondations des princes et des grands donna lieu à de sérieux abus. Pénétrés des idées de la féodalité naissante, les seigneurs, qui avaient cédé leurs oratoires privés aux paroisses ou qui avaient obtenu des églises en fief, se considéraient comme les propriétaires de ces églises et en prélevaient les revenus; ne se contentant plus de présenter les clercs à l'institution épiscopale, ils s'arrogèrent bientôt le droit de conférer les bénéfices, de donner et d'ôter les cures sans participation aucune de l'évêque. Survint la querelle des investitures qui, s'élevant contre les usurpations de la puissance séculière, fit rentrer aussi l'institution du patronage dans les limites de la vraie discipline. Le patronage resta un privilège ; mais excluant tout droit à la propriété, il fut restreint aux bénéfices moindres et au simple droit de présentation.

Après ce court exposé, voici les règles générales qui constituent le patronage. Pour acquérir le droit en question, il fallait être *fundator*, concéder le terrain, *ædificator*, construire une église à ses frais, *dotator*, la doter d'un revenu fixe et suffisant : le tout, de l'assentiment de l'évêque. « *Patronum faciunt dos, ædificatio, fundus,* » ainsi qu'il est dit dans la glose. Avant le concile de Trente, une des trois conditions précitées suffisait pour acquérir le droit de patronage, mais depuis nul ne peut l'obtenir, si en même temps il n'a doté l'église qu'il a fondée. Lorsque plusieurs personnes concourent à cette œuvre, elles jouissent solidairement du patronage.

Le *juspatronatûs* se divise en plusieurs espèces : le patronage *ecclésiastique* est celui qui appartient à un clerc, à raison de son office, de sa dignité, ou des biens ecclésiastiques sur lesquels il est fondé. Le patronage *laïque* tient son origine de biens séculiers qui ont servi à fonder et doter une église. Le patronage *mixte* provient de biens de l'un et l'autre ordre. Après cela vient le patronage *personale et reale* : le premier affecte la personne du fondateur et ses héritiers; le second est attaché à une dignité ou à des biens fonds avec lesquels il se transmet. Le patronage *hæreditarium* passe à tout héritier, tandis que le patronage *familiale* n'admet que les descendants du fondateur. Le patronage est encore *passif ou actif*, lorsqu'il est exercé avec ou sans restrictions ; *complet ou incomplet*, selon qu'il confère l'universalité ou seulement une partie de ses droits. Enfin il y a le *juspatronatus singulare* et le *compatronatus*, exercé par une ou plusieurs personnes ensembles.

Les droits du patron se trouvent exprimés dans les vers de la glose du *ch. 25. X. De jure patron.*

« Patrono debetur honos, onus utilitasque
Præsentet, præsit, defendat, alatur egenus. »

La principale prérogative, inhérente mais non pas indispensable au patronage, était le droit de présentation. Une cure étant vacante *de jure et de facto*, le patron ecclésiastique ou laïque pouvait choisir, désigner, présenter à l'évêque un sujet, lequel devait être *idoine*, capable et digne, *idoneus judicatus ætate, moribus, doctrina, prudentia et aliis rebus ad vacantem ecclesiam gubernandam. Com. Trid. 24, c. 18.*

Le candidat patronné était soumis à l'examen de l'évêque, qui avait le droit et le devoir d'éloigner les indignes ou les incapables, afin de donner, selon la parole du pape Adrien IV, *des hommes aux bénéfices et non des bénéfices aux hommes*. Si donc le sujet présenté avait les qualités requises, l'évêque ne pouvait pas lui en préférer un autre, il était tenu de l'instituer, et en cas de refus, de motiver canoniquement son refus. Lorsqu'au contraire un patron ecclésiastique était convaincu d'avoir présenté sciemment un sujet indigne, il perdait pour le cas particulier son droit, lequel était dévolu à l'évêque. La discipline était moins rigoureuse pour le patron laïque, auquel elle permettait de présenter un second candidat. De même accordait-elle au patron laïque le *jus variandi* qu'elle refusait au patron ecclésiastique : c'est-à-dire, aussi longtemps que l'évêque n'avait pas conféré l'institution au sujet désigné, le patron laïque pouvait présenter encore un ou plusieurs autres, parmi lesquels l'évêque instituait alors le sujet de son choix. Enfin, à partir de la vacance du bénéfice, le patron ecclésiastique avait six mois et le patron laïque, quatre mois, pour choisir et désigner un sujet; ce délai expiré, si l'un ou l'autre n'avait pas fait usage de son droit, il le perdait et l'évêque nommait seul. Ajoutons que le patron ne pouvait se présenter lui-même à un bénéfice, et qu'il devait exercer gratuitement son droit, sans exiger ni accepter de rémunération.

Outre ce droit de présentation, les patrons jouissaient encore de certains priviléges honorifiques et utiles qui ont varié selon les temps et les lieux. Nous les énumérons simplement. Le patron avait droit à une place réservée dans l'église, *honor sedis*, et dans les processions, *honor processionis*; à l'encens et à l'eau bénite, *honor aquæ benedictæ et thuris*; à un *memento* spécial dans les prières publiques, *jus precum*. Il pouvait surveiller et contrôler la gestion des biens de l'église, et prélever sur eux, dans le cas de pauvreté, ce qui était nécessaire à sa subsistance, *jus ad alimenta*. « *Si ad inopiam vergat ab ecclesia ille modeste succuritur sicut in sacris est canonibus institutum.* » Dans certains pays l'usage ou les conventions lui attribuaient, même en dehors du cas de nécessité, un revenu annuel. Enfin à sa mort, il avait droit à la sépulture dans l'église même, ou au moins dans une place réservée du cimetière, *jus sepulturæ*.

Le droit de patronage étant désigné par les Decrétales *sicut res spiritali annexa*, ne pouvait être, à moins de simonie, l'objet d'une transaction commerciale, et il devait absolument être mis hors de cause dans l'estimation des biens-fonds auxquels il était attaché. Il se transmettait de différentes manières ainsi que nous l'apprend le vers suivant:

« Jus patronatus transire facit novus hæres
Res permutata, Donatio Venditioque. »

Enfin le patronage se perdait temporairement par la dévolution ; définitivement, par la suppression du bénéfice, de l'église, de la dotation ; par la mort du patron, l'extinction de sa famille ; par l'aliénation illégitime de son droit, la renonciation ; par actions infamantes, apostasie, hérésie, simonie, etc., etc.

Un décret de l'assemblée nationale du 24 août 1790 supprima le droit de patronage. Celui-ci, étant un privilège spirituel accordé par l'Église, ne pouvait être retiré que par Elle : c'est ce que fit l'Église par le concordat.

Ainsi les titres peuvent varier et les formes changer, mais aussi longtemps que durera l'Église, Elle possédera le droit de se gouverner Elle-même.

IV.

PAROISSES DE STRASBOURG.

L'archidiaconné de la ville et l'archiprêtré de Saint-Laurent s'étendait avant la Réforme sur les neuf paroisses de Strasbourg, à savoir : celles de Saint-Laurent, Saint-Martin, Saint-Etienne, Saint-Thomas, Sainte-Aurélie, Saint-Nicolas, Saint-Pierre-le-Vieux, Saint-Pierre-le-Jeune et Saint-André ; de plus, sur les églises paroissiales de Sainte-Hélène ou Schiltigheim, Bischofsheim, Suffelweyersheim, Mundolsheim, Reichstett, Wolfisheim, Eckbolsheim, Schaftolsheim ou Oberschæffolsheim, Lingolsheim, Pfulgriesheim, Dingsheim,

Griesheim, Hugsbergen, Vendenheim et Olvisheim. — Le curé-archiprêtre de Saint-Laurent était un des prébendiers du grand-chœur, auquel la cure avait été unie en 1401 par bulle du pape Boniface IX. Dans les anciens titres, il est nommé *Archipresbyter et Plebanus S. Laurentii;* il était le premier archiprêtre du diocèse et remplissait aussi les fonctions de Grand-Pénitencier. Mais après la Réforme il ne conserva plus que son titre d'archiprêtre avec certains priviléges honorifiques; les paroisses de son ressort, ayant en grande partie embrassé le protestantisme, furent réparties entre les chapitres ruraux voisins et son archiprêtré fut supprimé.

Comme les églises de la ville de Strasbourg, presque toutes collégiales ou conventuelles, devront faire l'objet d'une étude subséquente, je me bornerai à n'en donner ici que la simple statistique.

Paroisses de la ville, en 1789 :

Saint-Laurent. — Collateur : le Grand-Chapitre.
Curé : Jæglé.
Église cathédrale : le Grand-Chapitre avec 24 chanoines, 20 prébendiers et 4 chapelains.
Église et couvent de Ste-Madeleine, 24 religieuses.
Séminaire épiscopal, 12 prêtres.
Collége royal, 10 prêtres.
Chapelles du palais épiscopal, du séminaire et du collége royal.
L'aumônerie de la maison de Saint-Marc.
4080 catholiques.

Saint-Pierre-le-Jeune. — Coll. : le chapitre. Curé : Pallas.

Église collég. et paroissiale de St-Pierre; chapitre de 15 chanoines, 2 soumissaires et 3 vicaires.

Chapelle de la cour de Neuviller.

    3090 catholiques.

Saint-Pierre-le-Vieux. — Coll. : le chapitre. Curé : Zaiguelius.

Église collég. et par. de St-Michel, *vulgo* de Saint-Pierre-le-Vieux; chapitre de 18 chanoines et 5 vicaires.

Église et petit couvent des capucins, 12 religieux.

    4190 catholiques.

Saint-Marc. R. — Coll. : le prince évêque de Strasbourg. Curé : De Mougé.

Ég. par. et commanderie de St.-Jean avec 14 prêtres.

La Toussaint, 12 prébendiers et 1 chapelain.

Ég. et couv. des dominicaines de Ste-Marguerite, 30 rel.

Ég. et couv. de la congrégation de Notre-Dame, 38 rel.

Chapelles de la prison, de la maison des Pauvres, du Faubourg Blanc et du Faubourg de Pierre.

    3090 catholiques.

Saint-Étienne. — Coll. : le prince évêque de Strasbourg. Curé : Kéguelin.

Église de Saint-Étienne; couvent de la Visitation de Notre-Dame, 40 religieuses.

Église de Saint-André et couvent de 20 récollets.

Église et le grand couvent des capucins, 40 religieux.

Chapelle de Saint-Antoine.

Chap. et maisons des Orphel. et des Enfants-Trouvés.

    5880 catholiques.

Saint-Louis, en ville, R. — Coll. : le pr. év. de Strasbourg. Curé : Valentin, chanoine régulier.

Ég. par. de St-Louis et couvent de 7 chan. réguliers.

Chapelle de St-Erhard, et hôpital civil.
3000 catholiques.

Saint-Louis, en la citadelle, R.—Coll. : le pr. év. de Strasb. Curé : le P. Hummel, récollet.
Église de St-Louis et hospice de 3 récollets.
Hôpital militaire.
360 catholiques.

Olim : il y avait encore :

L'église paroissiale dite de *Sainte-Croix*, située près de Saint-Étienne et démolie en 1553.

Celle de *Saint-Martin* avec ses deux hautes tours, élevée sur l'emplacement de l'Hôtel du Commerce et détruite en 1527.

Celle de *Saint-André* vendue en 1748 aux récollets.

L'église paroissiale de *Sainte-Hélène*, située hors de la porte de Pierre et démolie en 1531.

PAROISSES DE LA VILLE.

Avant la Réforme.	*Avant la Révol.*	En 1803.
St-Laurent.	St-Laurent.	St-Laurent.
St-Martin.	St-Pierre-le-J.	St-Pierre-le-J.
St-Étienne.	St-Pierre-le-V.	St-Marc ou St-Jean.
St-Thomas.	St-Marc.	Ste-Madeleine.
Ste-Aurélie.	St-Étienne.	St-Pierre-le-V. succursale
St-Nicolas.	St-Louis, ville.	St-Louis. »
St-Pierre-le-V.	St-Louis, citad.	La citadelle, »
St-Pierre-le-J.		La Robertsau, »
St-André.		Le Neuhof, »
Ste-Hélène (hors de ville).		

Toutes ces églises et institutions religieuses de la ville épiscopale ont droit à une mention moins sommaire que celle qui vient d'être faite uniquement dans le but d'ouvrir et de compléter le travail historico-statistique qui va suivre.

ARCHIPRÊTRÉS ET PAROISSES

DU

DIOCÈSE DE STRASBOURG.

I.

ARCHIPRÊTRÉ D'ANDLAU.

Archiprêtre : Scheck, curé de Valf.
En 1781 : Holtzer, curé de SS. Fabien et Séb. d'Andlau.

Andlau de S. André. — Église paroissiale de *S. André*. Collateur : l'abbesse princesse d'Andlau. Curé : Echlé. — Chapelle de Ste Barbe à l'hôpital.

Eichhofen. — Chap. de S. Jean-Baptiste.

Andlau de SS. Fabien et Sébastien. — Ég. p. de *SS. Fabien et Sébastien*. Coll. : l'abbesse princesse d'Andlau. Curé Holtzer. — Ég. abbatiale de Ste Richarde.

Hohwald. — Chap. domestique.

Barr. † R. — Ég. par. de *S. Martin*. Coll. : Le prince Évêque de Strasbourg. Curé : Scheck, 1780 Jost, 1786 Blatt, 1790 Weisroch. — Ch. de S. Jacques et S. Philippe.

Heiligenstein. † Ég. de S. Jean-Baptiste.

Bliensweiler. — Ég. p. de *SS. Innocents*. Coll. : l'abbesse pr. d'Andlau. Curé : Hartmann.

Nothalten. — Ég. de l'Assomption de la B. V. Marie.

Zell. — Ch. de S. Wendelin.

Epfieh. — Ég. p. de *S. Georges.* Collateur : le pr. év. de Strasb. Curé : Guntz. — Ég. de Ste Marguerite, *olim mater.*

GALLWEILER (détruit). — Ch. de S. Gall.

Goxweller † R. — Ég. p. de *S. Jean, ante portam latinam.* Coll. : le pr. év. de Strasb. Curé : Scheck, *qui supra.*

BURGHEIM †. — Ég. de S. Arbogaste.

Ittersweiler. — Ég. p. de *S. Remy.* Coll. : l'abbesse pr. d'Andlau. Curé : Stem, 1784 Guntz, 1789 Dietrich.

BERNHARDSWEILER. — Résidence du Curé. Ég. de S. Antoine l'ermite.

REICHSFELDEN. — Ég. de S. Urbain.

Mittelbergheim † R. — Ég. de *S. Etienne.* Coll. : le pr. év. de Strasb. Curé : Jost, 1780 Lanz, 1782 Guntz, 1784 Beck.

GERTWEILER † Ég. de S. Barthélemy.

St-Pierre ou Sanct-Peter. — Ég. p. de *S. Arbogaste.* Coll. : le pr. év. de Strasbourg. Curé : Eschbach, 1783 Bernard.

BAUMGARTEN, dét. — Ch. des SS. Auxiliaires.

ITTENWEILER, dét. — Ch. de Ste Christine.

Stotzenheim. — Ég. par. de *S. Nicolas.* Coll. : le grand chœur de Strasb. Curé : Eck. — Ch. de la B. V. M. — Ch. de S. Symphorien. — Ch. domestique au château.

Valff. — Ég. par. de *S. Blaise.* Coll. : l'abbesse pr. d'Andlau. Curé : Scheck. — Ch. de Ste Marguerite. — Ch. de S. Blaise.

Zellenweller. — Ég. p. de *S. Martin.* Coll : le chapitre de Lautenbach. Curé : Mosser.

L'archiprêtré d'Andlau comptait : 12 paroisses, 21 églises, 15 chapelles et 3 bénéfices de chapelle, 6 églises mixtes dont 3 étaient paroissiales.

Les églises suivantes, filiales en 1789, sont devenues paroissiales :

Bernhardsweiler, Nothalten et Reichsfelden en 1803, Eichhoffen, Hohwald en 1852, et Gertweiler en 1863.

Familles catholiques 2149, — protestantes 1057, — calvinistes 6, — israélites 75.

ANDLAU. Commanderie de l'ordre teutonique ; *Commandeur* : Antoine-Fidèle Baron de Hornstein, commandeur d'Andlau, de Strasbourg et de Kaysersberg.
Hôpital.
Abbaye de chanoinesses nobles ; *Abbesse-Princesse* : Marie-Sophie Truchsess de Rheinfelden.

Olim : BAUMGARTEN. — Abbaye de l'ordre de Citeaux.
ITTENWEILER. — Prieuré de chanoines réguliers de St-Augustin.

VARIA.

Andlau posséda dès le XIIe siècle deux églises paroissiales. Celle de Saint-André, qui desservait Eichhoffen et une partie de la ville d'Andlau, figure en 844 parmi les biens que Ste Richarde concéda au monastère d'Étival. Outre le rectorat que l'évêque Guillaume de Dietsch unit en 1408 à l'abbaye, la paroisse de St-André possédait encore un plébanat, un vice-plébanat, un primissariat et la chapellenie de Saint-Nicolas ; de plus, les chapelles de Saint-Michel sur le mont, et de la Sainte-Trinité au Castelberg. Cette dernière fut consacrée en 1064 par Sigefroi, archevêque de Mayence. — Sur la paroisse de Saint-André, se trouvait aussi l'ancien hôpital, avec la chapelle de Sainte-Barbe qui était pourvue de deux bénéfices, — les chapellenies de

Sainte-Barbe et de Saint-Lazare. C'est dans cette chapelle que les seigneurs d'Andlau installèrent en 1570 la Réforme, et en qualité de ministre, Gaspard Kretschmar, diacre de la cathédrale de Strasbourg. Au mois de mai de l'année suivante, Gaspard escorté des nobles d'Andlau, pénétra dans l'église abbatiale pour y tenir son prêche. A cette occasion l'abbesse Madeleine de Robstoch eut recours à un *argument frappant*, qui délogea le ministre de l'église et l'éloigna de la ville. Après lui, vint George Weller. Mais la fermeté de l'abbesse et l'intervention de l'empereur Rodolphe mirent bientôt fin à l'agitation du protestantisme à Andlau. — Le rectorat de SS.-Fabien et Sébastien, après avoir été annexé à une prébende canoniale de l'abbaye, fut incorporé en 1408 à la manse abbatiale. — Je me réserve de visiter plus tard l'illustre abbaye de Ste Richarde. Pour le moment je veux seulement faire remarquer que le recteur de St-Fabien pouvait exercer les fonctions curiales dans l'enclos du couvent, qu'il tenait ses pouvoirs immédiatement du Saint-Siège, et que les curés et bénéficiers des paroisses d'Andlau ne pouvaient être nommés ou changés par l'évêque, sans l'assentiment de l'abbesse. Celle-ci possédait le droit de patronage aux cures d'Andlau, de Blienschwiller, Itterswiller, Valff, Breitenbach, Colroy-la-Roche, Fouchy, Saint-Martin, Villé, Schwobsheim. Barr uni à l'abbaye en 1474 par Sixte IV, parvint plus tard à l'évêché. — La chapelle de Saint-Jean-Baptiste d'Eichhofen a été consacrée le 13 janvier 1050 par le pape S. Léon IX, et rebâtie en 1569 par Bernard Münchberger, Abbé d'Altorf, à qui elle appartenait.

— Barr est cité dans le Testament apocryphe de Ste Odile, ainsi que dans le diplôme que Charles-le-Gros donna en 884 en faveur de l'abbaye de Honau. Le domaine impérial de Barr connut différents maîtres. Charles-Quint le constitua en seigneurie dont il abandonna en 1521 la propriété à son vice-chancelier Nicolas Ziegler. En 1566 et 1568, les Ziegler obérés de dettes, vendirent leur domaine à la ville de Strasbourg. Le protestantisme qui s'était déja essayé à Barr, Gertwiller et Heiligenstein fut aussitôt étendu à toute la seigneurie de laquelle relevaient encore : Burgheim, Goxwiller et Mittelbergheim. — Dans la chronique des dominicains de Colmar, on lit à la date de 1295, ce qui suit : « *In Bara villa demon castrum Domini Wephimanni militis destruxit; post hoc..... introivit et Deo latinum nobile loquebatur.* » Les Wephermann figurent au XIIIe siècle parmi les nobles d'Obernai où ils étaient investis du *fief du bourreau.* — Sous l'épiscopat de Henri de Staleck, le curé de la ville de Barr fut massacré le 27 octobre 1258, par un des habitants qu'il avait repris de ce qu'il fréquentait les cabarets les jours de jeûne. L'évêque de Strasbourg, en punition de ce sacrilége, transféra la mère-église de Barr à la chapelle de Bercheim, comme le rappelle au long Richer. L'on trouve le nom de ce curé, honoré comme martyr, dans le martyrologe gallican. Grandidier, *œuvres hist. inéd.* T. III, p. 204.

— Blienschweiler, doit son origine à Bléon, petit-fils du duc Attic. Ce village est mentionné dans le Testament de Ste Odile parmi les biens de l'abbaye de Niedermünster. Il échut un peu plus tard au comte Erchangier qui le donna à l'abbaye d'Andlau, à laquelle le pape Urbain V incorpora la cure de Blienschweiler. — Il y avait autrefois à Blienschweiler, un primissariat. A Nothalten, une chapellenie. A Epfich, 3 chapellenies dans l'église paroissiale de S. Georges : le primissariat, la chapellenie de la B. V. M. et celle de Ste Catherine.

— Epfich est très-ancien. L'évêque Heddon donna en 763 à l'abbaye d'Ettenheimmunster « *in villa quæ dicitur Hephecka, basilicam in honore beate Marie.*» A partir du XIIe siècle, Epfich prend place dans le domaine des évêques de Strasbourg qui y construisirent un château. Jean XXII, unit en 1335 l'église d'Epfich à la manse épiscopale. — Parmi les Fleurs dominicaines qui se sont épanouies sur la terre bénie des Unterlinden de Colmar, la Chronique mentionne les trois sœurs Mechtilde, Agnès et Adélaïde, — toutes les trois d'Epfich. Elle exalte la sainteté de ces servantes du Christ, et elle rapporte entre autres choses, que Adelaïde transcrivait avec une remarquable élégance les livres qui servaient à la célébration des offices ; — que Mechtilde avait une voix sonore, étendue et douce comme celle des anges, et qu'en dirigeant le chœur pendant 30 années, elle fit faire à ses compagnes de grands progrès dans l'art de la musique; — enfin, que sa sœur Agnès, deux fois sous-prieure, était un véritable vase d'élection.[1]

— Avant que Gall, ou Col, ou Kolweiler ne fut détruit, il y avait une cure-rectorat.

— Stotzheim est nommé *Stozzeswillare in Pago Alisacinse*, dans une charte de l'abbaye de Wissembourg

Bussière. *Fleurs dominicaines.*

787, *Stotezheim* dans le diplôme interpolé de Louis-le-Débonnaire 814, enfin dans les Statuts de l'abbaye d'Andlau promulgués par Ste Richarde, il est dit : *Senior meus beatæ memoriæ Carolus...... rogatu nostro tradidit ad altare et ecclesiam sancti Salvatoris patrimonium nostrum, illud quod ad Zincila*[1] *est, ut de prædicto loco ecclesia sancti salvatoris per omnia procuretur et provideatur extrinsecus et intrinsecus.... Illud vero quod Senior noster in Eloensi valle, et in Stozzesheim, Sancto Salvatori tradidit, dispercicndum est ad Hospitale monasterii.* Stotzheim fut acquis en 1314 par Jean, évêque de Strasbourg, et devint un village épiscopal, tandis que Zellenweiler était un fief de la maison de Lorraine.

— VALFF est mentionné dans les chartes du VIIIe siècle dont il a été question plus haut. L'église relevait de l'abbaye d'Andlau à laquelle elle fut incorporée en 1403 par Boniface IX. Et le village qui depuis le XIVe siècle était un fief de l'évêché de Strasbourg, appartenait aux seigneurs d'Andlau. Ceux-ci se firent les apôtres de la Réforme dans leurs terres. Mais à Valff comme à Andlau, la seigneurie se heurta contre l'abbaye. Les habitants du village soutenus par l'intrépide abbesse, provoquèrent par leurs protestations réitérées l'intervention armée du cardinal de Lorraine ; la seigneurie dut céder, le ministre s'éloigna et les nobles d'Andlau eux-mêmes retournèrent bientôt après à la Foi de leurs illustres aïeux.

Je ne crois pas pouvoir mieux compléter ces quelques notes rétrospectives, que de placer à leur suite, la des-

---

[1]. Zellweiler.

cription des chapitres ruraux et des paroisses faite en 1663, par Jean Pleister, vicaire général du diocèse de Strasbourg. En suppléant les paroisses qui ont fait défection à la Foi catholique, le lecteur aura du coup même, un tableau comparatif de l'Église séculière de Strasbourg, avant et après la Réforme, et immédiatement avant la Révolution. Nous laissons à une autre plume le soin de décrire le **status** de notre Église, pendant et après la Révolution française.

CAPITULUM ANDLAUENSE.

Hujus Capituli Archipresbyter Bartholomæus Pflieger senioris sancti Petri canonicus Rector in Andlau.

| Andlau. | Blienschweyler. | Eptig. | Sanct-Peter. |
| Stotzen. | Valf. | Zellweyler. | |

Ex hoc Capitulo transit ad Hæreticos integrum dominium Barr uti et sex Parochiæ.

Ces six paroisses sont les six églises mixtes, désignées sur le tableau statistique de l'archiprêtré.

II.

ARCHIPRÊTRÉ DE BENFELDEN.

Archiprêtre : Meuret, recteur de Benfelden.
1786 : Kien, curé de Geispolsheim.

Benfelden. — Ég. p. de *S. Laurent*. Coll. : d'Andlau. Curé : Meuret, 1786 Herrmann. — Ch. de S. Antoine de Padoue.
Eley. Ég. de S. Materne.
Bolsenheim. — Ég. p. de *S. Martin*. Coll. : les dames de la Visitation. Curé : Hebenstreit.
Ebersheimmünster. — Ég. p. de *S. Jean-Baptiste*. Coll. : l'abbé d'Ebersheimmünster. Curé : le prieur de l'abbaye. — Ég. abbatiale de S. Maurice.
Weilerhof, dét. — Ch. de S. Remy.
Erstein. — Ég. p. de *S. Martin*. Coll. : le grand chapitre de Strasb. Curé : Baccara ; chapelains : Fossié et Hugard. — Ég. de S. Sixte, autrefois abbatiale, avec chapellenie.
Krafft et Geisenau. Ch. de la B. V. Marie.
Fegersheim. — Ég. p. de *S. Maurice*. Coll. : le grand chapitre de Strasb. Curé : de Walcourt, 1786 Gleizer.
Ohnenheim.
Geispoltzheim. — Ég. p. de *Ste Marguerite*. Coll. : le grand chapitre de Strasb. Curé : Kien ; chapelain : Streicher, 1788 Bernard.
Hattisheim, dét. — Ch. de la B. V. Marie, et vicariat.
Blæsheim.
Entzheim.

Hindisheim. — Ég. p. de *SS. Pierre et Paul*. Coll. : l'Abbé de Moyenmoutier. Curé : Colin. — Ch. de la B. V. Marie. — Ch. de Sainte Apolline. — Ch. de S. Michel (dét.), avec chapellenie.

Hipsheim. — Ég. p. de *S. Georges*. Coll. : de Kageneck et Berstett. Curé : Klipffel. — Ch. de S. Vendelin.

Ichtratzheim. — Ch. de S. Gall.

Hüttenheim. Ég. p. de *S. Adolphe*. Coll. : le collège de Molsheim. Curé : Schmitt, 1782 Scheck. — Ch. de S. Léger, avec chapellenie. — Ch. de la B. V. Marie.

Kertzfelden. Ég. p. de *S. Arbogaste*. Coll. : le grand chapitre de Strasb. Curé : Matton, 1785 Lorentzino. — Chapellenie dans l'ég. p. — Ch. de S. Vendelin.

Kogenheim. — Ég. p. de *S. Léger*. Coll. : le baron de Waldner de Sierentz. Curé : Heitz.

Limersheim, vicariat perp. — Ég. par. de *S. Denis*. Coll. : le recteur de Hipsheim. — Curé : Ferrazino.

Lipsheim. — Ég. p. de *S. Pancrace*. Coll. : la Commanderie de S. Jean de Strasb. Curé : Brobeque.

Matzenheim. — Ég. par. de *S. Sigismond*. Coll. : le grand Ecolâtre de Strasb. — Curé : Boxperger, 1783 Roos.

Hufferen.

Werd. — Ch. de S. Antoine, au château.

Gross- et Klein-Sand. — Ég. de S. Martin, *olim* par.

Northausen. — Ég. p. de *S. Michel*. Coll. : la commanderie de S. Jean de Strasb. Curé : Meyer. — Ég. de S. Martin, *olim* paroissiale. — Ch. de S. Ludan.

Osthausen. — Ég. p. de *S. Barthélemy*. Coll. : la commanderie de S. Jean de Strasb. Curé : Metzger, 1785 Nancé. — Ch. de S. Wolfgang.

Schœffersheim. - Ég. p. de *S. Léger*. Coll. : le grand chapitre de Strasb. Curé : Wohlleber, 1788 Nœgert. — Ch. de S. Blaise.

Sermersheim. — Ég. p. de *S. Jean-Baptiste*. Coll. : l'abbé d'Ebersmünster. Curé : le P. Joseph Kästner, 1783 Kurz. — Ch. de S. Vendelin.

Uttenheim. — Ég. p. de *SS. Pierre et Paul*. Coll. : le pr. év. de Strasb. et la 4ᵉ fois, l'abbé d'Ebersmunster. Curé : Schmit.

Westhausen. — Ég. p. de *S. Matthieu*. Coll. : le comte de Wurmser. — Curé : Lunckel. — Ch. de la B. V. Marie dans l'ég. p. — Ch. de S. Ulric, à Holtzbad.

Ce chapitre possédait 20 paroisses, 25 églises, 19 chapelles avec 5 chapellenies et 1 primissariat. Pas d'église mixte. Ont été érigées en paroisses, Sand, Limersheim. en 1803, et Ichtratzheim.

Familles cath. 2370, — prot. 120, — isr. 93.

BENFELD : Hospice.
ELEY : Couvent de 19 Récollets. — *Gardien* : le P. Valentin Aron.
EBERSMÜNSTER : Abbaye de l'ordre de S. Benoît, 30 religieux. — R. P. *Abbé* : Exupère Hirn, D. en Th.
ERSTEIN : Hospice.
Olim : Abbaye des Dames nobles.

VARIA.

La Préfecture de Benfeld, était la plus riche et la plus étendue des sept préfectures ou bailliages de la Basse-Alsace, constituant le domaine de l'évêché de Strasbourg. Jusque vers la fin du XVIᵉ siècle elle était appelée « *Vogtey de Bernstein*, » du nom d'un château-fort situé au dessus de Dambach, sur le versant oriental des Vosges. La Vogtey comptait 7 villes, 7 châteaux et une cinquantaine de villages.

— Le Testament de l'évêque Heddon, fait en faveur de l'abbaye d'Ettenheimmünster porte « *in Beneveldim, basilica Sanctorum Sixti et Laurentii.* » — L'évêque Guillaume de Dietsch avait engagé en 1395, la ville de Benfeld à la ville de Strasbourg. Guillaume de Honstein la racheta en 1538 et fit disparaître la Réforme que le sénat de Strasbourg avait essayé d'y établir. Butzer, lui-même était venu prêcher à Benfeld. Mais il fut bien mal secondé par les deux ministres qu'il envoya successivement dans cette ville. L'apostat Ulrich Würtemberger, était profondément ignorant, et son successeur Nicolas Brüchner, qui avait été chassé de Mulhouse, était aux termes même d'un rapport consistorial de 1535, *etwas liederlich*. Aussi, malgré de nouvelles tentatives faites par Butzer, les habitants de Benfeld retournèrent-ils avec empressement à la Foi de leurs pères.

— Eley ou Ell, situé sur l'emplacement de l'ancien Helvet, est suivant la tradition, le lieu de sépulture de S. Materne. L'abbaye de Hohenbourg, ainsi que le rapporte une bulle de S. Léon IX, possédait des biens dans *Aleye*. En 1336, Ulrich de Werd accorda aux Guillelmites de Strasbourg le patronage de l'église d'Ell, dont le premier ministre protestant fut plus tard, un ancien prieur du couvent de S. Guillaume, — Louis Diethmar. A l'exemple de Benfeld, le village d'Ell quitta la voie de la Réforme.

— D'après un diplôme de l'empereur Lothaire, de 845, l'abbaye de S. Étienne possédait « *in Bosenhen, dominicam curtem, capellam et decimam, cum salica terra et suis apensibus.* » C'est en héritant de l'abbaye de Saint-Étienne, que les Dames de la Visitation ont obtenu l'église de Bolsenheim.

Erstein ou Herinstein était sous les rois Francs une villa royale avec palais, que l'empereur Lothaire donna à son épouse Irmingarde. Les évêques de Strasbourg ayant acquis le landgraviat d'Alsace, rachetèrent Erstein dont la possession fut assurée au grand-chapitre, dès l'année 1472.

— Autrefois le curé de Fegersheim était obligé de donner au couvent d'Eschau, le jour de la St-Michel, un porc, huit pains et un sceau de vin. Cette redevance nous rappelle l'acte par lequel l'évêque Hetzelon concéda à l'abbaye d'Eschau. « *curiam in Fegersheim dominicalem cum banno et villicatione ejusdem ville et ecclesiam cum duabus partibus decimarum et servicio annualis parochialis sacerdotis.* » Au XIVe siècle le village de Fegersheim fut inféodé par les Ochsenstein aux Rathsamhausen d'Ehenweyer. Ceux-ci ayant embrassé en 1576 le protestantisme, voulurent de même protestantiser les villages de leur seigneurie. Ils établirent à Fegersheim le prédicant Gaspard Klée. Mais les habitants du village soutenus par le grand-chapitre, héritier des droits de l'ancienne abbaye d'Eschau, firent si bien qu'ils obligèrent le ministre de se retirer. C'est ainsi que Fegersheim et Ohnenheim restèrent acquis à l'Église catholique.

— L'évêque Ratald donna en 867 à la communauté des Frères de Marie, des biens situés dans le village de Geispoltzheim, qui dans une charte de Charles-le-Gros porte le nom de « *Buahigiezo.* » — Le village, après avoir été engagé à divers seigneurs, fut racheté en 1386 par le grand-chapitre, qui s'était incorporé le rectorat et le primissariat de Geispoltzheim. L'église paroissiale possédait six chapellenies fondées sur les autels de la Ste-Vierge, de St-Nicolas, de St Jean, de St-Michel, de St-Jean-Baptiste, et de Ste-Catherine. Le primissariat fondé en 1454 dans la chapelle de Notre-Dame de Hattisheim, fut transféré en 1705 dans l'église de Geispoltzheim.

Blæsheim, village et château impérial, inféodé aux nobles de Boch, possédait avant la Réforme un plébanat et un primissariat, qui tous deux avaient été unis en 1416 à la collégiale de Saint-Léonard. L'église paroissiale, dédiée à S. Blaise, était située sur le Glœckelsberg et était primitivement une Landwarth ou tour d'observation.

— Ensheim, appelé au VIII⁰ siècle « *Ansulfishain* » avait été donné par un noble d'Alsace, nommé Widon, à S. Fulrad. Dans un diplôme de Charles-le-Chauve, il figure parmi les biens du monastère de Lièpvre, sous le nom d'*Aneshain*. Les ducs de Lorraine, avoués du prieuré de Lièpvre, s'approprièrent plus tard le village d'Ensheim et le concédèrent en fief aux comtes de Werd. Par la cession du landgraviat, Ensheim fit retour à l'évêché de Strasbourg, mais resta inféodé aux Zorn, qui vers l'an 1552, mirent le village à la Réforme.

— Hindisheim ou *Hundeneshain*, ainsi qu'il est cité dans des chartes du VIII⁰ siècle, fut concédé en partie à l'abbaye de Moyenmoutier. Regimbert, successeur de S. Hidulphe, y construisit une église dédiée à S. Pierre, que le Pape Innocent XXII incorpora en 1332 à la dite abbaye. Jean de Kirch, recteur de Hindisheim, fonda par testament la chapellenie de Saint-Michel dans l'église paroissiale qui fut unie en 1333 à l'abbaye de Moyenmoutier. La chapelle de la Ste-Vierge date du XV⁰ siècle et est un lieu de pèlerinage.

— Hipsheim est le *Hibodeshain* du VIII⁰ siècle. L'église paroissiale, dite la Scheerkirch, prit le nom de

S. Ludan, qui y fut enterré. Le tombeau du Saint fut profané en 1632 par les Suédois et l'église brulée. Celle-ci fut construite en 1723. La chapelle de S. Vendelin fut bâtie en 1694 par Georges Winterer, curé de Hipsheim et celle de S. Gall d'Ichtratzheim en 1627, par Ascanius Albertini, qui forma la branche des Ichtersheim.

Il est fait mention de Hudenheim en 727 dans la charte du comte Eberhard à l'abbaye de Mourbach, dans le diplôme que Carloman donna en 770, et dans celui que Louis-le-Débonnaire accorda en 718 en faveur de l'abbaye d'Ebersmünster. « *In Hittenheim ecclesia barrochialialis cum omnibus decimis ejus.* » En 959, l'empereur Otton ayant donné *une cour*, située à Hüttenheim, à Rodolphe duc de Bourgogne, celui-ci en fit la cession à l'abbaye de Payerne. De là, les droits dont cette abbaye jouissait à Hüttenheim. Ce village avait jadis deux églises. L'une, dite église haute, appartenant au monastère de Payerne, et l'autre, l'église basse dépendait du grand prévôt de Strasbourg. En 1135 le grand prévôt voulut obliger les sujets de Hüttenheim appartenant au couvent de Payerne, de fréquenter la basse église, ceux-ci se déclarèrent prêts à prouver par l'épreuve du feu le droit de l'église haute. La partie adverse renonça à ses prétentions. Etaient présents Louis, archiprêtre, Otton c. de Kertzfeld, Wernher c. de Kogenheim, Richard de Hüttenheim. — Dans l'église inférieure, il y avait jadis 3 chapellenies et 3 chapelles : Notre-Dame, S. Léger et Ste Catherine.

— L'évêque Widerold accorda « *ecclesiam ville Kerzevelt* » à l'abbaye d'Eschau. La chapellenie de l'autel de la Ste Vierge, était à la collation de l'évêque et les dîmes du ban étaient partagées par moitié, entre le curé et le grand chapitre, collateur du plébanat.

— Kogenheim, que Ste Odile, dans son Testament, nomme *Cagenheim*, est énuméré parmi les biens des abbayes de Niedermünster et d'Ebersheim. Au XVIe siècle, le primissariat de Kogenheim fut uni à la cure.

— Au rapport des chartes du VIIIe et IXe siècle, les abbayes de Lièpvre, de Fuldent et d'Ebersheim possédaient des biens à Limersheim. L'empereur Lothaire accorda en 845 à l'abbaye de S. Étienne « *duas curtes Lumarshen et Lupotheshen (Lipsheim) ad luminaria concymanda.* » — La chapellenie de Limersheim fut érigée en 1387 et était à la collation du curé de Hipsheim.

— Matzenheim est cité dans les titres du VIIIe et IXe siècle. La cure était à la collation du grand Écolâtre et desservant Sand et Werd. Avant d'être annexe de Matzenheim, Sand était un plébanat avec primissariat à la collation de l'abbaye d'Eschau. — Werd était le domaine allodial des comtes de ce nom et des landgraves de la Basse-Alsace. Il y avait une chapelle avec bénéfice, que le pape Alexandre III confirma en 1178 à l'abbaye de Lure. Au siècle dernier, il n'en restait plus que la chapelle domestique des seigneurs de Reinach-Werd.

— Northus est une donation d'Attic à l'abbaye d'Ebersmunster. Il y avait à Northausen deux églises paroissiales, l'église inférieure ou de St. Martin, desservie par un plében, à la collation du grand prévôt de Strasbourg, et l'église supérieure ou de S. Michel, desservie de même par un plében, à la collation de la commanderie de Strasbourg. Au XVIIIe siècle, les deux cures furent réunies et le service paroissial établi dans l'église de S. Michel. — St. Ludan mourut à Northausen, le 12 février 1202, d'où il fut transporté dans l'église de la Scheerckirch pour y être enterré.

— OSTHAUSEN (*Ossinhuns* au VIIIe siècle) était un fief impérial concédé aux Zorn. Le droit de patronage parvint par voie d'achat en 1338 à la commanderie de St.-Jean de Rhinau, et en 1373 à la commanderie de Strasbourg. Le protestantisme fut introduit à Osthausen par Sébastien Zorn de Bulach, et fut aboli en 1615 par Léopold d'Autriche, évêque de Strasbourg, qui y nomma un curé. L'église cependant ne cessa d'être mi-partie qu'en 1693. Il y avait autrefois un primissariat qui fut uni à la cure, une chapelle hors du village dédiée à S. Nicolas. La chapelle de S. Wolfgang fut bâtie par les Zorn de Bulach.

— SCHÆFFERSHEIM, *Suntor* ou *Scaferishaim*, aurait appartenu à deux frères, landgraves d'Alsace, qui auraient donné, par moitié, ce village aux abbayes de Mourbach et de Hohenbourg. L'évêché de Strasbourg hérita de l'une et l'autre part, et céda le droit de patronage au grand chapitre.

— SARMERESHEIM figure parmi les biens de la donation Attic aux abbayes de Niedermünster et d'Ebersheim. L'empereur Otton offrit à son épouse Adélaïde *curtim dominicam* in Sermersheim. Mais le droit de patronage à toujours appartenu à l'abbaye d'Ebermünster, à laquelle Boniface IX incorpora la cure, en 1402. Il y avait anciennement à Sermersheim — une chapelle de Ste Adélaïde, dans la cour de l'abbaye de Seltz, — une chapelle de S. Jean-Baptiste dans la cour de l'abbaye d'Ebersmünster, — et une chapelle de S. Ulric, dans le village. Les deux premières chapellenies étaient pourvues de bénéfices, ainsi que l'autel de la Ste-Vierge dans l'église paroissiale.

— La cure d'Uttenheim fut unie en 1402 à l'abbaye d'Ebersmünster et sécularisée en 1749. *Olim* 2 chapellenies des autels de la Ste-Vierge et de S. Jean-Baptiste. Uttenheim est la patrie de Craton Hoffmann, homme d'une érudition universelle, qui enseigna pendant 25 ans l'éloquence et la poésie à Schlestadt où il mourut en 1501.

— Westhausen était un ancien fief de la maison d'Autriche que les Rathsamhausen-zum-Stein possédèrent jusqu'en 1689. Il parvint plus tard avec le droit de collation aux comtes de Wurmser. Il y avait dans l'église paroissiale une chapellenie de l'autel de la Ste-Vierge, et l'ancien primissariat ou chapellenie de S. Martin dont le titre fut supprimé.

CAPITULUM BENFELDENSE olim EHRSTEINENSE.

Hujus capituli Archipresbyter est Jacobus Gœb Rector in Hindisheim.

Benfelden.	Hindisheim.	Huttenheim.
Sermersheim.	Kogenheim.	Kertzfelden.
Westhausen.	Utenheim.	Bolsenheim.
Matzenheim.	Osthausen.	Erstein.
Schæffersheim.	Northausen.	Hipsheim.
Fegersheim.	Ichtratzheim.	Geisbolsheim. Lipsheim.

Defecit media ex parte Osthausen Parochialis Ecclesia.

III.

ARCHIPRÊTRÉ DE BETTBUR OU SAVERNE

Archiprêtre : Untz, curé de Truchtersheim.
1788 : Ott, curé de Phalsbourg.

Allenweiler. † R. — Ég. p. de *S. Michel*. Collateur : le pr. év. de Strasb. Curé : Bizaca, 1783 Rumpler, 1789 Philippe.
Fuchsloch.
Rumoldsweiler. — Ég. de S. Oswald.
Cossweiler.
Behlenheim. — Ég. p. de *S. George*. Coll. : les dames de la Visitation. Curé : Metz, 1784 Herre.
Offenheim. Ég. de S. Arbogast.
Birckenwald. — Ég. p. de *S. Louis*. Coll. : de Birckenwald. Curé : Dillemann.
Crauffthal. † R. — Ég. p. de la *B. V. Marie*. Coll. : le pr. év. de Strasb. Curé : Anstett, 1782 Frintz, 1790 Harbauer.
Eschberg, Schœnberg et Dumenthal.
Dabo ou Dagsbourg: — Ég. p. de *S. Blaise*. Coll. comte de Linange. Curé : Lutz.
Schæfferhof et Haub. — Ch. de S. Odile.
Dettweiler. † R. — Ég. p. de *S. Jacques le Majeur*. Coll. : le pr. év. de Strasb. Curé : Simonis, 1781 Fuchs, 1785 Kuegelin.
Rosenweiler.

Dingsheim. — Ég. p. de *S. Kilien..* Coll. : le chapitre de S. Pierre-le-jeune. Curé : Munchina. — Ch. de S. Quirin, avec une chapellenie dans l'église paroissiale.

Griesheim. — Ég. de S. Pancrace.

Nieder-, Mittel- et Ober-Hausbergen.

Dossenheim. — Ég. p. de *SS. Pierre et Paul.* Coll. : l'abbé de Schwartzach. Curé : Bœhm, 1786 Rosjer.

Quatzenheim.

Wiwersheim. — Ég. de S. Cyriaque. Ch. de la B. V Marie, avec chapellenie.

Durningen. — Ég. p. de *SS. Pierre et Paul.* Coll. : le chapitre de Haguenau. Curé : Brgert, 1780 Weinborn, 1785 Sick.

Fessenheim. — Ég. p. de *S. Martin.* Coll. : le grand chapitre de Strasb. Curé : Wolbert.

Himmeloltzheim, dét. — Ch. de St. Marguerite, *olim* paroissiale.

Garburg. — Ég. p. de *S. Columban.* Coll. : le pr. év. de Strasb. Curé : Gutzeit, 1782 Gelin.

Haselburg. — Ég. de S. Louis.

Sparsbrad et Schackeneck.

Gugenheim. — Ég. p. de *S. Laurent.* Coll. : le pr. év. de Strasb. Curé : Wescher, 1784 Voltz. — Ch. de S. Laurent avec chapellenie.

Kunheim. — Ég. de S. Nicolas.

Ginsheim. — Ég. de S. Nicolas.

Rohr. — Ég. de S. Arbogast.

Hegenheim. — Ég. p. de *S. Matthieu.* Coll. : l'abbé de Maurmoutier. Curé : le P. Auctor.

Thal et Schwæbweiler. — Ég. de S. Pierre.

Waldhofen, dét. — Ch. de S. Gall.

Hohengœfft. — Ég. p. de *S. George.* Coll. : le grand chœur de Strasb. Curé : Adam, 1788 Weinmann.

Rangenheim. — Ég. de S. Martin.

Mittelckurtz.

Zehenacher. † — Ég. de la B. V. Marie.

St-Jean-des-Choux. R. — Ég. p. et abbat. de *S. Jean-Baptiste.* Coll. : l'abbesse de S. Jean. Curé : le P. Idelph. Gobel, 1782 le P. Columban, 1788 le P. Ans. Linck. — Ch. de S. Vendelin. — Ch. de Ste Agathe. — Ch. de S. Michel, au château de Herrenstein.

Ernolsheim. † — Ég. de S. Michel.

Jetterswiller. — Ég. p. de *S. Pancrace.* Coll. : l'abbé de Maurmoutier. Curé : Exel.

Ittenheim. — Ég. p. de *SS. Philippe et Jacques.* Col. : l'abbé de Schwartzach. Curé : Bernard, 1786 Kolb.

Wintzenheim. † — Ég. de S. Urbain.

Küttelsheim. — Ég. de *S. Jacques le majeur.* Coll. : Braun et Franck. Curé : Martin. — Ch. de Ste Barbe.

Leutenheim. — Ég. p. de *S. Pierre.* Coll. : le prévot de Neuwiller. Curé : Drolenveaux.

Lochweiler. — Ég. p. de *S. Jacques le majeur.* Coll. : l'abbé de Maurmoutier. Curé : Kahe.

Schweinheim. — Ég. de SS. Vincent et Anastase.

Lupfstein. — Ég. p. de *S. Quentin.* Coll. : de Wangen. Curé : Ulrich.

Ingenhein.

Lutzelbourg. — Ég. p. de *S. Michel.* Coll. : le roi. Curé. : Amont, 1781 Schæffer.

Hiltenhausen.

Maurmoutier. — Ég. p. de *S. Étienne.* Coll. : l'abbé de Maurmoutier. Curé : P. Quirin, 1785 P. Edmond, 1786 P. Ziegelmeyer. — Ég. abb. — Ch. de S. Denis.

Sindelsberg, dét. — Ch. de S. Blaise.

Dimsthal. — Ég. de S. Symphorien.

Sahlenthal. — Ég. de S. Maurice.

Melnolsheim. — Ég. p. de *S. Vit.* Coll. : le grand prévot de Strasb. Curé : Schaal.

Wolscheim. † — Ég. de S. Martin.

Friedolsheim. — Ég. de S. Denis.

Mittelbrunn. — Ég. p. de *S. Martin.* Coll. : le roi. Curé : Guillaume.

Munolsweiler ou **Monsweiler**. Ég. p. de l'*Assomption de la B. V. Marie*. Coll. : le chap. de Neuwiller. Curé : Schreiber.

Sornhofen.

Eckartsweiler. — Ég. de Barthelemy.

Neugartheim. — Ég. p. de *S. Remy*. Coll. : le grand chœur de Strasb. Curé : Doron, 1785 Klein.

Avenheim. — Ég. de S. Ulric.

Northeim. R. — Ég. p. de *SS. Pierre et Paul*. Coll. : le pr. év. de Strasb. Curé : Ostermann, 1782 Lienhard, 1788 Tyran.

Obersteigen. R. — Ég. p. de la *Nativité de la B. V. Marie*. Coll. : le pr. év. de Strasb. Curé : Altherr, 1782 Keller.

Engenthal.

Wangenburg. — Ég. de S. Barthelemy.

Schnethal. — Freudeneck. — Wœflingerthal.

Ottersweiler. — Ég. p. de *S. Michel*. Coll. : le pr. év. de Strasb. Curé : Schwartz. — Ch. de S. Vendelin.

Gothenhausen. — Ég. de S. Lambert.

Pfalzburg. — Ég. p. de *S. Louis*. Coll. : le roi. Curé : Ott. — Ég. des Capucins. — Chap. de la Vierge à la bonne Fontaine.

Dann. — Ég. de S. Étienne.

Wilsberg. — Lucelburg. — Bois de chêne. — Brickelberg.

Pfettisheim. — Ég. p. de *S. Symphorien*. Coll. : le gr. chapitre de Strasb. Curé : Ostertag, 1782 Wisser.

Pfulgriesheim. — Ég. de S. Michel.

Reinhardsmünster. — Ég. p. de *S. Léger*. Coll. : le pr. év. de Strasb. Curé : Dieda.

Hengweiler.

Reutenburg. — Ég. p. de *Cyriaque*. Coll. : l'abbé de Maurmoutier. Curé : le P. Martin Maur, 1784 P. Ambroise Widmer, 1789 P. Léon Ernst.

Singrist. — Ég. de S. Remy.

Reinacker, dét. — Ég. de la B. V. Marie.

Saverne ou **Zabern**. — Eg. p. et *collégiale de la B. V. Marie.* Coll. : le pr. év. de Strasb. Curé : Sauthier, 1781 Jansen. — Ch. de S. Michel. — Ch. de la résidence épiscopale. — Ég. des Récollets. — Ég. des religieuses de la congrégation de la B. V. Marie. — Ch. de S. Nicolas. — Ch. de Ste Catherine, avec bénéfice. — Ch. de S. Vit, au château de Greifenstein. Ch. de la Trinité au Hoh-Barr.

Otterstnal. — Ég. de Ste Ursule. Ch. de Ste Barbe, sur la montagne.

Schnersheim. — Ég. p. de *S. Étienne.* Coll. : le chapitre de Neuwiller. Curé : Lex.

Klein-Franckenheim. — Ég. de S. George.

Sessolsheim. — Ég. p. de *l'Assomption de la B. V. Marie.* Coll. : le grand prévot de Strasb. Curé : Klein, 1788 Birquin.

Duntzenheim.

Steinburg. — Ég. p. de *SS. Pierre et Paul.* Coll. : le pr. év. de Strasb. Curé : Stempfer, 1782 Eggs.

Hattmatt. † — Ég. de S. Laurent.

Stützenheim. — Ég. de *SS. Pierre et Paul.* Coll : le chap. de S. Pierre-le-jeune. Curé Willem, 1785 Bert.

Bertzen, dét. — Ch. de S. Michel.

Truchtersheim. — Ég. p. *SS. Pierre et Paul* Coll. : le chapitre de Neuwiller. Curé : Untz.

Waldolvisheim. — Ég. p. de *SS. Pancrace et Boniface.* Coll. : l'abbé de Maurmoutier. Curé : Wescher.

Altenheim. — Ég. de SS. Lambert et Prudentienne.

Furchhausen.

Wasslenheim. † — Ég. p. de *S. Laurent.* Coll. : le pr. év. de Strasb. Curé : Frentz. — Ég. des Capucins, à l'hôpital.

Elbersforst. — Ch. de la Croix.

Brechlingen.

Krastadt. Ég. de S. Augustin.

Wescheim. R. — Ég. p. de *S. Antoine de Padoue.* Coll.: le pr. év. de Strasb. Curé : Frommweiler.

ZILLINGEN. — WINTERSBERG. — BILSWEILER. — HANCK-
WEILER. — BEHRLINGEN. — PFALTZWEILER. — VOLS-
BURG.

Westhausen. — Ég. p. de *Ste Barbe*. Coll. : le prince
de Rohan-Soubise. Curé : Faure, 1781 Sébastien.

KNŒRSHEIM. Ég. de Ste Walburge.

KLEIN-GŒFFT. — Ch. de S. Albain.

BETTBUR, dét.

Wilgotheim. — Ég. p. de *S. Maurice*. Coll. : le grand
chœur de Strasb. Curé : Burg. — Ch. de S. Médard.

ZEINHEIM. — Ég. de SS. Philippe et Jacques.

LANDERSHEIM. Ég. de S. Ulrich.

WŒLLENHEIM. — Ég. de S. André.

Dans l'archiprêtré de Saverne il y avait : 45 paroisses,
86 églises, 26 chapelles, 4 chapellenies, 10 églises mixtes
dont 4 églises paroissiales.

— Les 14 annexes suivantes ont été érigées en paroisses : Crastatt, Engenthal, Eckartsweiler, Friedolsheim, Rohr, Schweinheim, Wilwisheim, Wiwersheim, Zeinheim en 1803 ; — Ottersthal et Thal en 1845 ; — Knœrsheim en 1847 ; — Kienheim en 1863 — et Dimbsthal en 1870.

Familles cath. 4514, prot. 1044, — calv. 59, — isr. 155.

ST. JEAN-DES-CHOUX. — Abbaye de bénédictines, 34 religieuses ; *Abbesse* : Marie-Gertrude Holder.

MAURMOUTIER. — Abbaye de bénédictins, 30 religieux ;
Abbé : Anselme Marschal.

PFALSBOURG. — Hospice et couvent de capucins, 15
religieux ; *Gardien* : le P. Gaspard.

SAVERNE. — Collégiale, 10 chanoines et 3 vicaires ;
Prévôt : Jacques Sigel.

— Couvent de 26 récollets ; *Gardien* : le P. Hattenberger.

WASSELONNE. — Hospice de 3 capucins ; *Gardien* :
le P. Florin de Soultz.

Olim. CRAUFFTHAL. — Abbaye de relig. bénédictines.
OBERSTEIGEN. — Couvent de relig. augustins.
— Couvent de dominicaines.
SAVERNE. — Maisons de recluses ou Closenhoff.
SINDELSBERG. — Abbaye de bénédictines.

VARJ*

— ALLENWEILER était un village du comté de Hanau, sous le bailliage de Westhoffen. Les catholiques reprirent possession du chœur en 1687. — Romanswiller ou Rumoldsweiler et Cossweiler, anciens villages de l'Empire, relevaient au XVIe siècle, de l'évêque et de la ville de Strasbourg. L'apostasie du curé Wenceslas Kam, jointe à l'influence du magistrat de Strasbourg, amena la défection de ces deux endroits. Sous la période française, il se forma de nouveau un noyau de catholiques à Romanswiller, qui furent desservis d'abord par le curé d'Allenweiler, puis par celui de Wasselonne : finalement, en 1837, ils obtinrent un curé particulier. — Les Suédois n'ayant laissé debout, à Cossweiler, qu'une maison et le clocher, une colonie de Suisses, vint vers le milieu du XVIIe siècle, dans le village ruiné et y fonda une paroisse réformée. — L'abbaye de Marmoutier possédait près de Rumoldsweiler le château d'Erlenburg qui fut vendu successivement aux Meig, aux Bock et aux Haindel.

— BEHLENHEIM et OFFENHEIM figurent au XVIe siècle parmi les villages de la *Graveschaft* que l'empereur et l'évêque possédaient en commun. Behlen fut vendu en 1727 par les Wangen à l'abbaye de Saint-Étienne, qu'occupaient alors les Dames de la Visitation.

— BIRCKENWALD était un fief de l'abbaye d'Andlau qui dans une charte de 1158 mentionne « *Ecclesie nostre que Byrcke nuncupatur.* »

— CRAUFFTHAL, ancien fief de l'évêché de Metz, situé dans le comté de Lutzelstein, fut amené au protestantisme vers l'an 1560 par le prince palatin George-Jean de Veldentz. En 1615, Frédéric V ayant vendu une partie des biens de l'ancienne abbaye de Crauffthal au duc de Lorraine, — le roi de France, en sa qualité de duc de Lorraine, devint décimateur de Crauffthal qu'il érigea en cure royale.

— DABO ou DAGSBOURG est le berceau des ancêtres maternels de S. Léon IX. C'est en souvenir de ce saint Pontife qu'on donna le nom de *Leonsberg* à la montagne sur laquelle était situé le château des comtes de Dagsbourg. A la mort de Gertrude, la dernière de cette illustre famille, (1225), le comté de Dagsbourg échut en grande partie à l'évêque de Strasbourg, qui, conservant les châteaux de Girbaden et de Ringelstein avec les biens adjacents dans la vallée de la Bruche, inféoda le reste aux comtes de Linange. Ceux-ci possédèrent le comté jusqu'à la grande Révolution.

— DETTWEILER appartenait à la seigneurie de Herrenstein qui au XVIe siècle était sous la dépendance de la ville de Strasbourg. Dès l'année 1530 le protestantisme était introduit à Dettweiler et à Dosenheim, mais cinq ans après, les visiteurs consistoriaux n'eurent pas lieu de louer le zèle ni la vertu des protestants de cette contrée. — Rosenweiler est un village de création moderne qui doit son origine et son nom au marquis de Rosen, seigneur de Bollwiller, de Herrenstein, et lieutenant-général des troupes de Louis XIV. Les colons suisses y construisirent en 1672 une église réformée et en 1846 les catholiques eurent aussi leur église.

— Dingsheim, appelé *Dideneshain* dans une charte concédée en 771 à l'abbaye de Fulde, était un village de la Graveschaft ou du Comté, que l'évêque Guillaume s'appropria entièrement avec Waldolvisheim et Dossenheim, en échange contre la ville de Ste-Croix. Dingsheim et Griesheim étaient l'un et l'autre, avant la Réforme, cure-plébanat à la collation du grand custos de la cathédrale et dépendant de l'archiprêtré de St. Laurent. En 1535, l'église de Griesheim devint filiale de celle de Dingsheim; mais aujourd'hui elle possède de nouveau son titre paroissial. — Les trois Hausbergen ne formaient avant la Réforme qu'une seule paroisse desservie par un curé recteur, à la collation du grand custos de la cathédrale. En l'an 920, l'évêque Richewin donna Hugesberg au chapitre de St. Thomas. Ober-Hausbergen, fief des Rappolstein, fut engagé aux Zorn et *réformé* par eux en 1540. Nieder-Hausbergen était un village impérial qui se mit en 1489 sous la protection de Strasbourg, et qui après l'abolition de la Messe était acquis au protestantisme. Mittel-Hausbergen était aussi un village impérial, dont Johan de Mundolsheim fut en 1558 le seigneur et le réformateur.

— Il a été question plus haut de Dossenheim. L'abbaye de Schwarzach a conservé pied jusqu'en 1789 dans le village de Dossenheim, qu'elle avait obtenu du comte Ruthard et de son épouse Hyrminsinde, en l'an 758. — Quatzenheim fut protestantisé en 1539, par son seigneur Thierry de Landsberg. — Wiwersheim était un fief des comtes d'Eberstein, inféodé aux Wangen dont il devint en 1624 la propriété. L'archiduc Léopold unit le bénéfice de la chapelle de Wiwersheim à l'académie de Molsheim.

— Durningen était un village du Comté, partagé d'abord entre l'empereur et l'évêque, puis entre l'évêque et les seigneurs de Lichtenberg. Au XVe siècle il échut au couvent de Ste Claire, de Strasbourg.

— Fessenheim était au siècle dernier, la propriété du grand chapitre, qui l'avait achetée en 1719, des Klöckler de Münchenstein. L'influence de la ville de Strasbourg, qui jouissait de droits seigneuriaux à Marlenheim et à Nordheim, s'étendit aussi sur Fessenheim où le protestantisme fut introduit en 1545, malgré l'opposition du seigneur Henri de Müllenheim. Frédéric de Landsperg ayant acheté le village, y rétablit le culte catholique en 1617. — Parmi les curés de Fessenheim, nous trouvons en 1432, Thiébaut de Mulnheim. — La chapelle de Ste Marguerite, lieu de pèlerinage, était autrefois l'église paroissiale de Himmelotzheim, village détruit pendant les guerres et qui figure dans le domaine du Comté.

— Gugenheim était autrefois le village le plus important du baillage du Kockersperg. Les revenus de la cure furent unis en 1325, à la manse épiscopale. — Il y avait un primissariat à Kienheim, un second à Gingsheim : tous deux furent unis en 1584 à la cure de Gougenheim. — Au XIIe siècle l'abbaye de Marmoutier possédait une manse dans *Gundenesheim*, et une manse *in Rohara marca*.

— Hegenheim ou Hægen, Thal, au XIIe siècle Domnus Peter, Schwœbweiler ou Suawilre, Waldshoffen, aujourd'hui St-Gall, tous ces endroits étaient situés dans la Mark de Marmoutier et dépendaient de l'église abbatiale de St. Martin.

— Hohengæfft, du bailliage de Dabo, figure dans une charte, donnée en 775 par Charlemagne. Voici comment. Une contestation s'étant élevée entre le monastère de Corbie et celui de Honau, au sujet de biens situés *in Osthova et in Gehfida*, les deux monastères firent soumettre par leurs avoués la cause à l'empereur Charlemagne, qui se trouvait alors dans son palais de Schlestadt. Les titres de possession de l'un et de l'autre couvent étaient en règle. Mais l'empereur, n'osant se prononcer sur leur authenticité, soumit les avoués à l'épreuve de la croix [1]. L'avoué de Corbie ayant faibli le premier, les biens furent adjugés à l'abbaye de Honau. — En 1353, l'évêque Berthold donna la cure de Hohengæfft au grand chœur et l'unit à la prébende de Ste Catherine que lui-même avait fondée. Le curé obtint plus tard la jouissance des dîmes de Hohengæfft, Rangen et Mittelkurtz, moyennant une redevance annuelle de 5 sacs de froment, de 5 sacs de seigle et de 10 sacs d'avoine à fournir au grand chœur. — Rangen était une cure-plébanat avec un primissariat et Mittelckurtz comme annexe, à la collation de l'abbaye de Marmoutier. En 1605 Rangen fut annexé à Hohengæfft. — Zehenacker, Deceingaris en 739, de la seigneurie de Wasselonne, fief des Vinstingen, acheté en 1503 par la ville de Strasbourg, acquis dès l'année 1530 à la Réforme, ne fut

---

[1]. Crucis probatio, quam judicium Dei dicebant, agebatur missæ tempore : duo adversarii ad crucem stabant, brachiis extensis. Qui prior lassus brachia deponebat aut titubantia habebat, censebatur victus. — Grandidier, *Pièces justificatives*, II p. 119.

cependant constitué en paroisse protestante qu'en l'année 1553. Son premier pasteur fut Gallus Fries. Les catholiques reprirent possession du chœur en 1686.

— St. Jean-des-Choux, appelé Meienheimswiller, a été donné en 1127 à l'abbaye de St.-Jean. La chapelle de St.-Michel rebâtie en 1593 était très-visitée par les pélerins. — Ernolsheim situé dans le bailliage de Bouxwiller, relevait des comtes de Hanau et fut doté d'un ministre en 1550.

— Jettersweiler était un fief de l'église de Metz appartenant à la seigneurie d'Ochsenstein, qui parvint à l'évêché de Strasbourg.

— Ittlenheim, appelé *Utilenhaim*, dans une charte (742) de l'abbaye de Wissembourg, était un village du comté, qui après les guerres du XVIIe siècle avait entièrement disparu. — Wintzenheim, fief de la seigneurie de Lichtenberg, échut en 1435 aux Zuckmantel de Brumath qui lui firent embrasser le protestantisme, en 1560. Jusqu'alors l'église de Wintzenheim dont les revenus avaient été unis en 1407 au grand chœur de la cathédrale, dépendait de Willgotheim. En 1684 les catholiques ayant repris place dans l'église, furent annexés à Ittlenheim.

— Küttolsheim ou *Cuttelnesheim*, que le comte Ruthard donna à l'abbaye de Schwarzach, est un ancien village impérial célèbre par sa *Römerstrasse*, son *Riesling* et son *eau sulfureuse.*

— Leutenheim ou Lüttenheim était un village du comté fiscal, dont la cure fut unie par le pape Alexandre III à Neuviller. Il y avait à Lüttenheim un primissariat qui subsista jusqu'au XV siècle, et une chapellenie qui fut fondée en 1335 par Hugues de Lüttenheim, prébendier de S. Thomas.

— Lochweiler et Schweinheim étaient d'anciennes possessions de l'abbaye de Marmoutier. L'évêque de Strasbourg acquit Schweinheim en 1760 par un acte d'échange qu'il fit avec le comte Waldner, contre les villages de Hartmanswiller et Rimbach-Zell.

— Lupstein, village de la Graveschaft ou du comté, entièrement brûlé en 1525. Quatre mille paysans y laissèrent la vie. Il y avait à Lupstein une prémissairie qui en 1551 fut unie à la cure. Celle-ci était à la collation du chapitre de Seltz et parvint en 1699 aux seigneurs de Wangen. — Ingenheim, du bailliage d'Ingweiler, appartenait au comté de Hanau et était avant la réforme un plébanat à la collation du grand prévot de la cathédrale.

— Lutzelbourg compris d'abord dans l'ancienne Marche de Marmoutier, fut échangé contre le prieuré de Saint-Quirin. Il devint au XIIe siècle un fief de l'évêché de Metz et fit partie dans le comté de Lutzelstein du bailliage d'Einartzhausen ou de Phalsbourg, dont il sera fait mention plus bas.

— Marmoutier, appelé *Leobardi villa, aquileia Maurivilla,* n'a été qu'une dépendance de l'illustre abbaye à laquelle il doit son origine et dont nous nous occuperons dans une autre partie de notre travail. Dès l'année 1137, l'évêque Guebhard confirme les droits de l'abbaye sur l'église paroissiale de St. Martin dite *obere Kirche*, et en 1224 celle-ci fut incorporée à la dite abbaye.—Dimbsthal, Salenthal, Hegenheim, Thal, Gothenhausen, Lochweiler, Reutenburg et Singrist, — ces huit villages formaient en grande partie la Marche moderne de Marmoutier et dépendaient de l'abbaye. — En 1492 l'évêque Albert unit la chapelle de Salenthal avec les chapellenies des autels de la Ste Vierge et de Ste Catherine à l'église de Marmoutier.

— Meinolsheim ou Menolsheim, village du comté, que l'évêque Guillaume acheta avec Knœrsheim, en 1510, des Zorn moyennant 200 florins du Rhin, était au XIIIe siècle un fief claustral du grand chapitre. Le chanoine Berthold de Wildsberg le résigna en 1237 à l'évêque, qui l'unit à la manse capitulaire. — Wolscheim, ancien fief de la seigneurie d'Ochsenstein, inféodé au comté de Hanau sous le bailliage de Westhoffen. Les catholiques occupèrent de nouveau l'église, en 1683. — Friedolsheim, village du comté appartenant moitié à l'évêque et moitié à la ville de Strasbourg, avait une chapellenie ou vicariat fondé en 1343, dont était collateur le patron de la cure.

— Monsweiler était un ancien fief de l'église de Strasbourg, que le cardinal Armand-Gaston de Rohan racheta en 1711 pour en doter l'évêché. — Neuviller, abbaye et chapitre, à toujours été en possession du patronage de l'église de Monsweiler dans laquelle Guillaume de Dietsch, évêque de Strasbourg, fut ordonné prêtre. C'est près de Monsweiler que les Rustauds furent taillés en pièces. Un siècle après, Mansfeld vint avec ses hordes mettre le siège devant Saverne. Cette ville se défendit héroïquement et attribua sa délivrance à Notre-Dame de Monsweiler. A cette occasion, le village et son église furent incendiés, mais la statue miraculeuse fut retrouvée intacte au milieu des ruines. Une inscription allemande, gravée sur le socle de la statue, rapporte ce fait miraculeux, qui d'autre part se trouve consigné dans un écrit de 1660 « *Mater admirabilis Montis villanæ.* » La confrérie de Notre-Dame-de-l'Assomption érigée dans l'église de Monsweiler est également très-ancienne.

— Eckartsweiler, primitivement une possession de l'abbaye d'Andlau, figure en 1120 dans la charte de fondation de l'abbaye de Saint-Jean-des-Choux sous le nom d'*Eggoltzwilre*. Le cardinal de Rohan donna en 1718 ce village à l'abbaye de Saint-Jean, en échange contre Zornhoffen où il établit un magnifique parc. Le primissariat d'Eckartsweiler subsistait encore au milieu du XVIe siècle.

— NEUGARTHEIM, *Nugurte*, était un village du Comté, que l'évêque Jean de Lichtenberg s'appropria entièrement, ainsi que Avenheim. Les revenus de l'église de Neugartheim furent unis en 1407 au grand chœur. Annexe de Wilgotheim, Neugartheim devint paroisse en 1698. — Achenheim, en 884 Hakinhain, est un ancien pèlerinage de la Ste Vierge et de S. Ulrich.

— NORDHEIM, village de la seigneurie de Marlenheim qui dépendait en partie de la ville de Strasbourg, fut protestantisé en 1545. Jean Sturm, recteur de l'académie de Strasbourg, mourut en 1589 dans sa maison de plaisance de Nordheim qu'il appelait « son Tusculum » et où les difficultés que lui suscita son parti le contraignirent de se retirer. Après la paix de Westphalie, les habitants de Nordheim abjurèrent la Réforme, et en 1747, l'annexe de Fessenheim fut érigée en cure royale.

— L'église paroissiale d'ENGENTHAL est située à Obersteigen et dépendait de l'abbaye d'Andlau, ainsi que

Wangenbourg qui tire son nom des Wangen à qui il fut donné en fief.

— L'église d'Ottersweiler, après avoir été unie pendant plusieurs siècles à l'abbaye de Marmoutier, parvint, ainsi que le village, en 1668, à l'évêché de Strasbourg.

— Pfaltzbourg est une ville de création moderne qui fut construite en 1570 par Jean-George, prince palatin de Veldentz, sur l'emplacement du village d'Einartzhausen. Ce village était situé dans le comté de Lutzelstein et relevait de la paroisse de Dann. Le comte Jean-George qui avait épousé la fille de Gustave-Adolphe, établit la Réforme dans la nouvelle ville. En 1684, Pfalsbourg fut vendu à la maison de Lorraine. Les protestants ayant embrassé le calvinisme, le duc Henri les éloigna de la ville. Ils se retirèrent en 1620 à Bischwiller où ils fondèrent une église réformée. Déjà sous les ducs de Lorraine, l'église paroissiale avait été transférée de Dann à Pfalsbourg; et lorsque Charles IV céda en 1661 la principauté de Pfaltzbourg à la couronne de France, le roi se réserva le patronage de la cure. Dann, Wilsberg, Lutzelbourg, Hiltenhausen et Mittelbronn dépendirent de la prévôté royale de Pfaltzbourg. — La chapelle de la Vierge à la Bonne-Fontaine bâtie en 1716, est un *ex-voto* de la garnison et un lieu de pèlerinage très-fréquenté.

— Pfettisheim et Pfulgriesheim appartenaient à l'ancien comté de la Basse-Alsace. Pfulgriesheim était un plébanat de l'archiprêtré de St-Laurent. Les seigneurs d'Andlau y établirent en 1590 une paroisse protestante, et en 1685 les catholiques reprirent possession du chœur de l'église.

— Reinhardsmunster tient son nom du comte Reinhard de Hanau qui construisit ce village en 1616 sur l'emplacement de Dilleresmünster, ancien village de la Marche, détruit par les guerres.

— Reutenbourg et Singrist (*Signum Christi*) étaient de même situés dans la marche et sous la dépendance de l'abbaye de Marmoutier. Celle-ci fonda en 1348 la chapellenie de Singrist.—Rheinacker est un de nos plus anciens pèlerinages de la Ste Vierge. Ruinée durant l'invasion hongroise, agrandie au XVIe siècle et richement pourvue de bénéfices, la chapelle de Rheinacker prit au XVIIe siècle, grâce à de nouveaux agrandissements, les proportions d'une église. La maison des seigneurs de Wangen, héritière des Géroldseck, céda en 1617 le sanctuaire de Marie à l'évêché de Strasbourg qui l'abandonna aussitôt à l'abbaye de Marmoutier, à condition qu'elle y ferait célébrer chaque jour le Saint-Sacrifice de la Messe. Ce qui fut fidèlement observé jusqu'à la grande Révolution.

— Saverne, ville très-ancienne, appelée Elsass-Zabern, pour la distinguer de Rhein et de Berg-Zabern, figure durant la période romaine sous le nom de *Tres Tabernæ*. Cette ville, placée vers la fin du XIIe siècle sous la juridiction temporelle des évêques de Strasbourg, devint dans la suite leur ville-résidence, le chef-lieu du domaine épiscopal, le siège du conseil de la régence et de la chambre des comptes. L'évêque Albert de Bavière y fit construire en 1438 un château qui fut remplacé par le magnifique palais commencé par Egon de Fürstenberg et terminé par les Rohan. — La primitive église paroissiale était située sur la colline appelée *Bergschantz*, du fort qu'on y construisit vers la fin du XVᵉ siècle. En 1715 on cessa d'y faire l'office divin et les pierres du fort et de l'église furent employées aux constructions de l'hôpital. La cure, d'abord unie à la manse épiscopale, fut donnée en 1408 aux moines de Steigen que Frédéric de Lichtenberg avait transférés en 1303 à Saverne et que le pape Sixte IV sécularisa en 1482. — Les religieux augustins devenus chanoines, s'installèrent dans l'église du château et cédèrent leur église aux Récollets. — L'évêque Robert fonda dans la chapelle de la Croix une confrérie en l'honneur de la Sainte-Trinité et Albert de Bavière fonda la confrérie de S. Sébastien. C'est aussi ce dernier évêque qui fit construire la chapelle de S. Michel et la chapelle du Saint-Rosaire attenante à l'église collégiale, dans laquelle il fut inhumé ainsi que ses successeurs Guillaume de Honstein, Erasme de Limbourg et Jean de Manderscheidt. — L'évêque Erasme fit célébrer en 1560 un synode à Saverne, et cinq ans auparavant il avait procuré aux habitants de la ville la grâce d'entendre pendant un mois les doctes et saintes exhortations du B. P. Canisius. — Les fondations pieuses et les chapelles ne faisaient pas défaut dans la ville épiscopale. Grandidier relève pour le commencement du XVIᵉ siècle, les chapellenies de l'hôpital, de l'Ossuaire, de Ste Catherine et de S. Jean-Baptiste; les prémissairies de la Ste Vierge, de S. Sébastien et de S. Laurent. — La chapelle de S. Nicolas était d'abord un couvent de recluses attenant à la maladrerie. Le couvent ayant été supprimé vers la fin du XVᵉ siècle, la chapelle prit le vocable de S. Nicolas. — La chapelle de Ste Catherine, de l'hôpital, fut fondée ainsi que la chapellenie sacerdotale, en 1693 par Zwanger, prévôt de la collégiale. — La chapelle de S. Vit, située sur le Vitsberg, est très-célèbre par son ancien pélerinage. En 1448. la maladie connue sous le nom de *danse de St-Gui* s'étant propagée à Strasbourg, le magistrat de la ville envoya les personnes atteintes du mal, en pélerinage à la chapelle de S. Vit, près de Saverne. — Gravissons encore la montagne de Hoh-Barr qui appartenait à Marmoutier lorsque l'évêque Rodolphe l'acheta en 1168. Il y construisit un château que Jean de Lichtenberg fortifia et que Jean de Manderscheidt fit restaurer. Ce dernier évêque y fonda la fameuse *confrérie de la Corne*. En 1650 le château fut démantelé, mais on conserva la chapelle de la Ste Trinité. — Saverne est la patrie de François-Joseph Moser, le célèbre prédicateur de la cathédrale de Strasbourg, et de Marie-Paul-François Libermann, fondateur de la congrégation du Saint-Cœur-de-Marie, dont la cause de la béatification est en instance à Rome — *Et hæc de Tabernis*.

— Schnersheim, ancien fief de l'église de Metz, figure dès le XIIe siècle, parmi les biens de l'abbaye de Neuviller. L'abbaye de Marmoutier possédait à *Snaresheim mansum unum hereditarium e curiam propriam*. Au XVe siècle, le village de Schnersheim fut inféodé aux Marx d'Echwersheim. Ceux-ci y établirent en 1570 un ministre protestant, mais en 1596, le cardinal de Lorraine reprit son fief et en investit un seigneur catholique qui fit disparaître la Réforme. Snersheim parvint en 1662 à l'abbaye de Marmoutier. — Klein-Franckenheim, village du Comté, parvint en 1512 à l'évêque de Strasbourg. Il y existait *olim* une chapellenie de la chapelle de S. Jacques.

— Sessolsheim, appelé *Sahselsheim*, dans la bulle confirmative des biens de Hohenbourg donnée par S. Léon IX, était une cure-rectorat que l'évêque Bertholde unit en 1351 au grand chœur de la cathédrale.

— Steinbourg était un village épiscopal du bailliage de Saverne. L'abbaye d'Andlau y possédait une colonge ainsi que le droit de patronage; mais au XVIᵉ siècle, elle vendit l'un et l'autre à l'évêque de Strasbourg.

— Stutzheim figure sous le nom de *Stizenesheim* dans la charte polyptique de Marmoutier. L'abbaye de Schwartzach y possédait en 1154 *curiam et capellam* qu'elle vendit en 1400 au chapitre de Saint-Pierre-le-Vieux. L'évêque Guillaume de Diest unit la cure de Stützheim à la prévôté du dit chapitre qui pour la protéger plus efficacement contre le protestantisme l'abandonna en 1603 au cardinal de Lorraine. Stützheim faisait partie avant la Réforme de l'archiprêtré de Saint-Laurent, était desservi en 1615 par le curé de Dingsheim et ne devint de nouveau paroisse qu'en 1727.

— Truchtersheim était un village du Comté, dont l'église dépendait dès le XIIIᵉ siècle de l'abbaye de Neuviller. Le primissariat existait encore en 1522. Dans mes notes je trouve le nom de Wolfelm de Truchtersheim, frère d'Albert, *custos* de Haselach, qui fonda en 1188 sur l'autel de S. Jacques dans l'église collégiale de Saint-Florent, une chapellenie sous le titre de prébende élémosynaire [1]. Truchtersheim est aussi la patrie de Thiébaut Lienhart, supérieur du grand séminaire de Strasbourg et auteur d'un cours de théologie dogmatique.

1. Grandidier. Œuvres inéd. T. III, p. 41.

— Waldolvisheim figure dans une charte de 1144 parmi les biens de Marmoutier. — Le primissariat d'Altenheim a été uni à l'église-mère.

— Wasselonne fut donné en 754 à l'abbaye de Hornbach, par Adale, fille de Bodalus petit-fils du duc Attic. Au XIIIe siècle, l'abbé de Hornbach et l'évêque de Strasbourg exerçaient alternativement le droit de collation. La ville était alors moitié impériale, moitié épiscopale: elle fut entièrement acquise par l'empire et devint une seigneurie libre impériale qui fut donnée en fief à la ville de Strasbourg. Celle-ci s'appropria la seigneurie et y introduisit la Réforme dès l'an 1524 par le ministère du wurtembergeois André Keller, vicaire de Saint-Pierre-le-vieux et auteur d'un catéchisme protestant. En 1682 les catholiques reprirent possession du chœur, et en 1757 on construisit une nouvelle église commune aux deux cultes. Outre le plébanat, il existait encore dans l'église de Wasselonne un primissariat et les deux chapellenies de la Ste Vierge et de S. Nicolas. — Krastatt ou *Crafstette*, village du comté appartenant à l'évêque, était paroisse avant la Réforme. Dépeuplé par les guerres, ce village fut d'abord annexé à Jetterswiller, puis à la cure royale de Wasselonne.

— Weschem avec toutes ses annexes protestantes relevait de la prévôté de Behrlingen, du comté de Lutzelstein.

— Westhausen appartenait à l'évêque de Strasbourg. Le pape Alexandre III confirma en 1178 à l'abbaye de Neuviller *ecclesiam de West cum decimâ*. Cette dîme et le droit de patronage constituèrent plus tard un fief de l'évêché. Il y avait près de Westhausen une chapelle dédiée à S. Florent et appartenant au chapitre de Haselach. Cette chapelle fut détruite pendant les guerres et les revenus furent unis à la cure de Westhausen. — Knœrsheim, village du comté, qui figure sous le nom de *Chnoresheim* parmi les biens de Marmoutier, était autrefois un plébanat à la collation du grand prévôt de la cathédrale. — L'abbaye de Marmoutier jouissait du patronage de la cure-rectorat de Bettbur dont dépendaient les villages de Zutzendorf et de Klein-Gœfft. Bettbur était aussi le lieu des assemblées du chapitre rural auquel il a laissé son nom. Ce village situé près de Saverne, ayant disparu dans le cours du XIVe siècle, la paroisse fut transférée à Klein-Gœfft qui ne conserva son titre d'*église-mère* que jusqu'au XVIe siècle.

— WILGOTHEIM, chef-lieu de l'ancien bailliage du Kochersberg, fut uni ainsi que ses églises filiales, en 1407, au grand chœur de Strasbourg. Outre le plébanat, il y avait avant la Réforme un primissariat et la chapellenie de la Ste Vierge. Les Récollets de Saverne desservirent pendant quelque temps la cure, mais vers la fin du XVIIe siècle le grand chœur y nomma des prêtres séculiers. Parmi les curés de Wilgotheim nous trouvons un ancien capitaine des troupes royales, Jean-Jacques Bertomé qui fut en 1709 curé de Wasselonne et en 1722, curé de Wilgotheim où il mourut et fut inhumé en 1771. — Les villages d'Avenheim, Landersheim, Neugartheim, Wintzenheim, Wœllenheim et Zeinheim étaient tous annexés à l'église-mère de Wilgotheim qui aujourd'hui ne possède plus que sa fille de Landersheim.

— ZEINHEIM, village du comté, appartenant à l'évêque,

figure dans la charte que Louis-le-Débonnaire concéda en 828 à l'abbaye de Schwartzach. — Landersheim appartenait au XVe siècle à Félix de Mittelhausen qui introduisit en 1575 la Réforme dans le village. En 1645 le curé de Wilgotheim rentra dans son église filiale et en 1688 les habitants de Landersheim, ainsi que ceux de Wœllenheim, retournèrent à la foi de leur pères.

CAPITULUM BETTBUHR.

Hujus capituli Archipresbyter est Joannes Carolus Zwanger sacrosanctæ Theologiæ Præpositus Tabernis Alsaticis, Rector in eadem urbe Tabernensi.

Saverne.	Pfaltzbourg.	Monsweyler.	Marmoutier.
Steinbourg.	Waldolvisheim.	Westhausen.	Mænolsheim.
Hohengœfft.	Rangen.	Wilgotheim.	Neugartheim.
Lupstein.	Lüttenheim.	Sæssolsheim.	Fridolsheim.
Gougenheim.	Dürningen.	Rohr.	Gingsheim.
Küttolsheim.	Fessenheim.	Nordheim.	Schnersheim.
Truchtersheim.	Behlenheim.	Offenheim.	Dossenheim.
Pfettisheim.	Griesheim.	Dingsheim.	—

Ex hoc capitulo renunciarunt Catholicæ fidei Parochiales et filiales Ecclesiæ circiter 26.

De ces 26 églises manquant à l'appel du Vicaire-général Pleister, nous ne trouvons plus dans notre statistique de 1789 que 7 récalcitrantes. Les autres étaient redevenues catholiques ou mixtes.

IV.

ARCHIPRÊTRÉ DU BAS-HAGUENAU.

Archiprêtre : BERNAUER, curé de Seltz.

Beinheim. — Ég. p. de la *Ste Croix*. Coll. : le margrave de Baden. Curé : Bæhr, 1781 Eggs, 1788 Humbourg. — Chapellenie de Ste Catherine dans l'église paroissiale.
NEUHÆSSEL. — Ég. de S. Luc.
ALT-BEINHEIM, dét.. — Ch. de S. Vit.
Bettenhoffen. — Ég. p. de *SS. Nazaire et Celse*. Coll. : le prévôt de Saint-Pierre-le-Vieux. Curé : Cromer.
GAMBSHEIM. — Ch. de la B. V. Marie.
KILSTETT. — Ch. de S. Jean-Baptiste.
Bischheim-am-Saum. — Ég. p. de *S. Laurent*. Coll. : le pr. év. de Strasbourg. Curé : Kuntz.
HŒNHEIM. — Ch. de S. Jean-Baptiste.
Brumatt. † R. — Ég. p. de *SS. Nazaire et Celse*. Coll. : le pr. év. de Strasb. Curé : Kuhn. — Ch. de S. Nicolas.
KRAUTWEILER.
Dieffenbach. R. — Ég. p. de *S. Joseph*. Coll. : le pr. év. de Strasb. Curé : Schiffmacher, 1786 Hoffmann.
MITSCHDORF.
PREUSCHDORF. † — Ég. de S. Adolphe.
VELBACHERHOFF.
Drusenheim. — Ég. p. de *S. Mathieu*. Coll. : l'abbé de Schwartzach. Curé : Simon.

Fort-Louis. — Ég. p. de *S. Louis.* Coll. : le magistrat de Fort-Louis. Curé : Raoul, 1782 Stroubel, 1783 Freytag. — Ch. de S. Louis, à la citadelle. — Ég. des capucins, à l'hôpital. — Ch. de la Trinité, à l'hôpital militaire.

Geldertheim. † R. — Ég. p. de *S. Blaise.* Coll. : le pr. év. de Strasb. Curé : Klein, 1785 Hürstel.

Goersdorf. † R. Ég. p. de *S. Martin.* Coll. : le pr. év. de Strasb. Curé Claudel, 1786 Fuchs. — Ch. de Notre-Dame-du-Chêne.

LAMPERTSLOCH. † — Ég. de Tous les Saints.

MARIENBRUNN, dét.. — Ég. de la B. V. Marie.

PFAFFENBRUNN, dét.

Gunstett. — Ég. p. de *S. Michel.* Coll. : le prévôt de Saint-Pierre-le-Vieux. Curé : Dupin, 1780 Gottler, 1784 Vautrin, 1788 Tavernier.

SPACHBACH.

OBERNDORF.

BIBELISHEIM. Ég. abbatiale de S. Jean-Baptiste.

Haguenau, DE SAINT-NICOLAS. — Ég. p. de *S. Nicolas,* unie aux Prémontrés. Curé : le P. Bordier, 1786 le P. Hammer. — Ég. de S. Augustin. Ég. de S. Dominique. — Ég. de S. François. — Ch. de la maison des orphelines. — Ch. de S. Vendelin.

Fermes dans la forêt de Haguenau. — Ch. de S. Laurent.

Hanhoffen. † R. — Ég. p. de *S. Nicolas.* Coll. : le pr. év. de Strasb. Curé : Schaal, 1786 Klein.

BISCHWEILER.

Hatten. † R. — Ég. p. de *S. Michel.* Coll. : le pr. év. de Strasb. Curé : Harbaur, 1780 Arnold. — Primissariat dans l'église paroissiale.

RITTERSHOFFEN. — Ég. de S. Gall.

LEUTERSWEILER. — Ég. de S. Gilles.

Herlisheim. — Ég. p. de *S. Arbogast.* Coll. : le gr. chapitre de Strasb. Curé : Wanner, 1785 Solliet.

Hœrdt. † R. — Ég. p. de *S. Sixte.* Coll. : le pr. év. de Strasb. Curé : Kolb, 1786 Jund.

Runtzenheim. † R. — Ég. p. de la *Ste Croix*. Coll. : le pr. év. de Strasb. Curé. : Buntz.

Augenheim.

Leutenheim. — Ég p. de *S. Barthélemy*. Coll : le pr. év. de Strasb. Curé : Strubel, 1782 Raoul.

Kauchenheim. † — Ég. de S. Jean-Baptiste.

Forstfeld.

Kœnigsbruck. — Ég. abbatiale de la B. V. Marie.

Münchhausen. — Ég. p. de *S. Pantaléon*. Coll. : le duc de Deux-Ponts. Curé : Bengel.

Niederbetschdorf. — Ég. p. de l'*Assomption de la B. V. Marie*. Coll. : le pr. év. de Strasb. Curé : Melchior, 1786 Mehl.

Oberbetschdorf. — Ég. de S. Jean-Baptiste.

Schwabweiler. — Ég. de S. George.

Kuhlendorf. — Schwartzbruch et Niederstriethen.

Niederckutzenhausen. † R. — Ég. p. de *S. George*. Coll. : le pr. év. de Strasb. Curé : Rauch.

Oberckutzenhausen. — Merckweiler. — Hœlschloch.

Memmelshoffen. — Ég. de Ste Catherine.

Meisenthal.

Lobsann, une partie. — Ch. de S. Vendelin.

Niederrœdern. † R. — Ég. p. de *S. Jacques-le-Majeur*. Coll. : le pr. év. de Strasb. Curé : Engelmann, 1782 Bootz.

Krautweiler.

Offendorf. — Ég. p. de *Ste Brigitte*. Coll. : le chap. de Saint-Pierre-le-Vieux. Curé : Choisy, 1786 Demougé.

Reichstett. — Ég. p. de *S. Michel*. Coll. : de Boisgautier, de Falckenhayn et Reichshoffer. Curé : Weinum.

Reschwog et Giesenheim. — Ég. p. de *S. Barthélemy*. Coll. : le prévôt de S. Pierre-le-Vieux. Curé : Walther.

Roppenheim. † — Ég. de S. Michel.

Rohrweiler. — Ég. p. de *S. Vendelin*. Coll. : le pr. év. de Strasb. Curé : Léger, 1785 Rousselot.

Oberhoffen.

Ruprechtsau. † R. — Ég. p. de *S. Louis.* Coll. : le pr. év. de Strasb. Curé : Burg.

Schiltigheim. † R. — Ég. p. de *S. Louis.* Coll. : le pr. év. de Strasb. Curé : Ganier.

Schirein. — Ég. p. de *S. Nicolas.* Coll. : le magistrat de Haguenau. Curé : Lipp.

SCHIRHOFFEN.

Schœrenburg. — Ég. p. de *Ste Agathe.* Coll. : le pr. év. de Spire. Curé : Gelin, 1782 Gutzeit.

HOFFEN.

Seltz. — Ég. p. de *S. Étienne.* Col. : le collége royal de Strasb. Curé : Bernauer.

MIRMELBERG, dét.

SCHAFHAUSEN. — Ég. de S. Martin.

KESSELDORF. — Ég. de la Nativité de la B. V. Marie.

NEU-BEINHEIM.

Sessenheim. † R. — Ég. p. de la *Nativité de la B. V. Marie.* Coll. : le pr. év. de Strasb. Curé : Reinbold.

DENCKELSHEIM. — STATTMATTEN. — DALHUNDEN.

Stephansfelden. — Ég. p. de *S. Jean-Baptiste.* Coll. : le pr. év. de Strasb. Curé : Weinborn, 1781 Klein, 1785 Hirsch.

Suffienheim. — Ég. p. de *S. Michel.* Coll. : le chapitre de Haguenau. — Curé : Nebel, 1785 Höpp dit Lempfrid.

Suffelweyersheim. — Ég. p. de *S. George.* Coll. : le grand camérier de Strasb. Curé : Schwartz.

Sultz. † R. — Ég. p. de *SS. Pierre et Paul.* Coll. : le pr. év. de Strasb. Curé : Schlosser.

HOCHWEILER. † — Ég de S. Jean-Baptiste.

RETSCHWEILER. — HERMANSWEILER.

Surburg. — Ég. p. de *S. Martin* et de *S. Arbogast.* Coll. . le chapitre de Haguenau. Curé : Dietrich.

REIMERSWEILER. — Ég. de S. Jean-Baptiste.

Wantzenau. — Ég. p. de *S. Vendelin.* Coll. : le chapitre de Saint-Pierre-le-Vieux. Curé : Frœlich.

Weyersheim. — Ég. p. de *S. Michel.* Coll. : le séminaire épiscopal. Curé : Gœtzmann, 1781 Berre. — Ch. de S. Wolfgang.

BIETTENHEIM.

Widbruch.. † R. — Ég. p. de *S. Gall.* Coll. : le pr. év. de Strasb. Curé : Weber.

GRIESEN. † — Ég. de S. Jacques.

KURTZENHAUSEN.

Wintzenbach. — Ég. p. de *S. Gilles.* Coll : le collège de Strasb. Curé : Berenbach.

EBERBACH. — Ég. de S. Louis.

39 paroisses, 64 églises, 15 chapelles, 2 chapellenies et 23 églises mixtes, dont 16 paroissiales, — tel est le relevé de cet archiprêtré. — Brumat, Hœrdt, La Ropertsau et Widbruch n'ont plus le simultaneum. Pleister met au compte des chapitres du Haut et Bas-Haguenau 80 églises qui ont fait défection. C'est dans cette partie de la Basse-Alsace que le protestantisme a pris le plus de développement, grâce au concours efficace des seigneurs territoriaux, les Electeurs palatins, les comtes de Hanau et de Veldentz, les barons de Fleckenstein, les seigneurs de Schœneck et de Hohenbourg.

Ont été érigées en paroisses, les annexes suivantes : Bischweiler, Eberbach, Gambsheim, Kilstett en 1803, Schwabweiler, Gries 1843, Rittershoffen 1847, Neuhæssel 1857.

Familles catholiques 5307, — protestantes 2915, — calvinistes 562, — israélites 188.

BIBLISHEIM. — Abbaye de bénédictines, 20 religieuses ; *Abbesse :* Bernardine Gsell.

FORT-LOUIS. — Hôpital militaire et hôpital civil. Hospice de 7 capucins ; *Supérieur :* le P. Abondance de Molsheim.

GŒRSDORF, MARIENBERG. — Hospice de cordeliers, 7 religieux : *Gardien :* le P. Norbert d'Ingwiller.

Haguenau de Saint-Nicolas.—Couvent de 6 religieux de l'ordre des prémontrés ; *Prieur :* le P. Hammer.

Couvent de 13 religieux augustins ; *Prieur :* le P. Caspard Reichstätter.

Couvent de dominicains, 10 religieux ; *Prieur :* le P. Albert Johner.

Couvent de tiercelines ; 21 religieuses ; *Prieure :* Mère J.-B. Gruber.

Kœnigsbruch. — Abbaye de l'ordre de Citeaux, 30 religieuses ; *Abbesse :* Marie-Edm. Peyerimhof.

Olim. Marienbrunn. — Couvent de religieuses augustines.

Mirmelberg. — Couvent de bénédictines.

Seltz. — Abbaye de bénédictins.

Stephansfeld.—Commanderie de l'ordre du St. Esprit.

Surbourg. — Abbaye et Collégiale.

VARIA.

— Beinheim figure dans un diplôme de Charles-le-Gros, sous le nom de *Beinenheim*, parmi les biens de l'abbaye de Honau. Ancienne ville landgraviale avec château, Beinheim n'était plus au XVe siècle à la tête du Riet. Les seigneurs de Fleckenstein avaient vendu en 1402, la seigneurie de Beinheim aux margraves de Baden, qui plus tard, y introduisirent la Réforme ; mais celle-ci ne sut pas y conserver pied. La maison curiale fut bâtie sur l'emplacement du château démoli en 1687.
— Alt-Beinheim était un village dont il n'est resté qu'un moulin et une chapelle déjà connue en 1352 sous le nom d'Alt-Beinheim.

— Bettenhofen était un village épiscopal situé dans

le bailliage de la Wantzenau. L'église de Bettenhofen (Biura, 884) ainsi que les églises filiales de Killstett (Gwillesteti, 726) et de Gambsheim (Gamhbapine, 748) furent unies en 1344 à l'abbaye de Honau.

— BISCHOFSHEIM-AM-SAUM, aurait été donné par Clovis à S. Remy, évêque de Rheims. Quoi qu'il en soit de cette opinion, Bischofsheim est un ancien domaine de l'évêché de Strasbourg, inféodé aux Bœckel de Bœcklinsau qui y établirent en 1531 la Réforme. Le 28 décembre de l'année 1692, les catholiques reprirent possession du chœur.

— BRUMATH, d'origine celtique, fut sous la domination romaine une ville florissante. Détruit par les Barbares, le *Brocomagus* des Romains n'était plus qu'une cour royale *cum palacio*, quand l'empereur Arnoul en fit don en 889 à l'abbaye de Lorsch. L'abbé Gerbodo y construisit vers le milieu du Xe siècle une église *satis decoram* qu'il dédia à S. Nazaire le patron du couvent. Un acte passé en 1146 entre l'abbaye de Neubourg et les habitants de Brumt nous fait connaître que Brumath était alors constitué en paroisse : « *Concilio et uannimi consensu prudentum virorum omnium parochianorum in Brumat constitutum est, ut fratres de Harthusen in dominica palmarum pixidem cum oblatis ad altare ecclesie Brumath offerant tali pacto, ut nullus in perpetuum animalia cujuscumque sint generis, prefate curie (de Harthusen) prohibere præsumat, quin libere et licenter utantur pascuis citra Sornam Brumat attinentibus.* » Sous l'empereur Frédéric II, Brumath échut avec le monastère de Lorsch à l'archevêque de Mayence et devint à titre de fief la possession des landgraves et de la maison de

Lichtenberg jusqu'en 1717, que l'archevêque de Mayence céda le domaine direct de la seigneurie de Brumath au comte René, le dernier des Hanau. Brumt était un chef-lieu de bailliage du comté de Hanau, dont relevaient : Bietlenheim, Eckwersheim, Hœrdt, Geudertheim en partie, Gries, Krautweiler, Kurtzenhausen, Mittelhausen, Waltenheim et Weitbruch. La Réforme y fut établie en 1570, et Samuel Leissenius en fut le premier ministre. Les hospitaliers de Stephansfelden étaient décimateurs du ban de Brumath dont ils desservaient les habitants catholiques. Grâce à leurs démarches, le simultaneum fut établi en 1683 dans l'église de Saint Nazaire, tandis que celle de Saint-Nicolas resta exclusivement aux protestants. La cure royale fut érigée en 1760 et n'eut d'autre titulaire que George Kuhn d'Erstein. C'est sous lui que le presbytère actuel fut construit. Après la Révolution, l'église de Saint-Nazaire fut abandonnée aux catholiques, et la communauté protestante fit acquisition du château bâti en 1720 par le comte René de Hanau, et qui avait servi de résidence à la princesse Christine de Saxe, tante de Louis XVI. Il y avait anciennement une maladrerie à Brumath, dont les revenus ont été unis à l'hôpital de Haguenau, à charge pour celui-ci de recevoir *pro rata* les malades pauvres de Brumath. — Preuschorf, annexe de Dieffenbach, était avant le luthéranisme, qui y fut établi en 1571, une cure-rectorat unie à l'abbaye de Kœnigsbruch et desservie par un pléban et un primissaire. Lampertsloch et Mitschdorf en dépendaient. L'ancienne église, remplacée en 1842, fut bâtie en 1079. Lors de la démolition, on découvrit deux bas-reliefs assez informes, qui se trouvent actuellement dans le jardin du presbytère catholique de Gœrsdorf.

— DRUSENHEIM aurait été un des nombreux châteaux-forts que Drusus, fils de l'impératrice Livie, construisit le long du Rhin pour arrêter les incursions des Germains. Ce village figure dans la charte de donation concédée en 758 par le comte Ruthard à l'abbaye de Schwartzach. Celle-ci sut y conserver jusqu'à la Révolution le patronage et la dîme ; elle y jouissait aussi des droits castrensiens de l'ancien Burghof. Drusenheim, qui faisait partie dans le comté de Hanau du bailliage d'Offendorf, embrassa la Réforme en 1570 et redevint catholique en 1687. — Jacques Zwinger, ou notre chroniqueur *Königshoven*, fut en 1386 *rector* de l'église de Drusenheim.

— GEUDERTHEIM, ancien fief commun à l'empire et à l'église de Metz, fut protestantisé par son seigneur Mathias Wurm, malgré l'opposition du curé catholique, Jacques Kornckauf.

— GŒRSDORF, villa Gerlaches, Geurlegovilla, était au XIVe siècle une petite ville fortifiée, *oppidum*, qui, en vertu d'une charte de l'empereur Charles IV, jouissait des mêmes franchises que Rosheim et Haguenau. L'église paroissiale fut bâtie en 1329, et les fondations de la tour appartiennent encore à cette primitive construction. L'église elle-même a été ravagée et incendiée, et dans son état présent elle ne fait rien moins qu'illustrer le souvenir de l'ancien oppidum. Gœrsdorf était un fief mouvant de l'évêché de Strasbourg et le seul endroit du bailliage de Wörth qui ne fût pas terre allodiale. La Réforme s'y introduisit comme dans tout le bailliage; cependant la paroisse protestante ne date que de l'an 1836.

— La chapelle de Notre-Dame-du-Chêne, *Eichim villa*, située sur les flancs de la montagne à laquelle elle a donné le gracieux nom de Liebfrauenberg, était un pèlerinage très-populaire dont l'origine se perd dans la nuit des temps. La tour qui subsiste encore, porte le millésime de 1383. En 1518, le comte René de Deux-Ponts-Bitsche, ayant été guéri d'une paralysie par l'intercession de Notre-Dame-du-Chêne, surbâtit la tour et érigea un nouveau sanctuaire à sa divine Bienfaitrice. Philippe de Hanau, héritier de la seigneurie de Deux-Ponts-Bitsche, fit démolir vers l'an 1580 le monument de la piété et de la reconnaissance du comte René, et employa les matériaux à la construction du temple de Morsbronn. L'image vénérée de Notre-Dame-du-Chêne fut sauvée par un prodige de la destruction commune, et lorsqu'en 1717 les franciscains de Haguenau eurent construit au Liebfrauenberg une chapelle attenante à leur hospice, la Statue miraculeuse reprit sa place dans son antique domaine et attira de nouveau, et de tous côtés, la foule des pèlerins. La Révolution française refit en partie l'œuvre de Philippe de Hanau; cependant elle respecta les bâtiments.

Pfaffenbronn. — Engelscadus, Abbé de Wissembourg, *Dei gratia Leucopolensis abbas*, donna sur la demande des religieuses de Königsbruch, à l'abbaye de Neubourg « *Capellam Pafhenburnen cum dote, cum quatuor mansis adjacentis terræ.* »

— Haguenau de Saint-Nicolas tire son origine de l'hôpital que Frédéric Barberousse fonda vers l'an 1164 en l'honneur de S. Paul et de S. Nicolas, et qu'il confia en 1189 aux religieux de l'ordre des prémontrés. En 1207, la partie de la ville située sur la rive gauche de la Moder fut érigée en seconde paroisse unie aux prémontrés, qui la desservirent jusqu'en 1535, et depuis 1643 jusqu'à la Révolution.

— Bischweiler, seigneurie allodiale du duché de Deux-Ponts, était primitivement *episcopi villa*. En 1263, lorsque le village fut brûlé par les Strasbourgeois en guerre avec Gauthier de Géroldseck, il appartenait encore à l'évêché. Le protestantisme y fut établi par Gervasius Schuler, dit Scolasticus ; mais il dut bientôt céder le pas à la religion réformée que Jacques Hockgard, ami de Calvin, y fit triompher, grâce au concours de Louis d'Eschenau, seigneur de Bischwiller. Les réfugiés calvinistes de Phalsbourg vinrent grossir la communauté réformée de Bischwiller, et en 1640 les luthériens admis dans la ville, y fondèrent une paroisse. Enfin en 1685, Hanhofen fut érigé en cure catholique dont Bischwiller devint annexe. Le chapitre de Saint-Pierre-le-Vieux avait acquis de Guillaume de Dietsch le droit de patronage, et après la Réforme, il nommait encore le ministre calviniste.

— Hatten. En 808, l'abbaye de Wissembourg obtint deux cours colongères situées dans la *villa de Hadana*. Ce grand village était le chef-lieu de l'ancien comté de Hatgau, et devint plus tard un chef-lieu de bailliage du comté de Hanau, dont relevaient les deux Betschdorf, Rittershofen, Schwabweiler, Reimersweiler, Kühlendorf, Leutersweiler et Bühel. La cure dont le patronage appartenait au chapitre de Honau, fut protestantisée en 1557. Sébastien Mercklin y fut le premier *serviteur de la Bible*. — Rittershofen vit la Réforme dès l'an 1545, grâce à son curé Ludovicus qui, après un premier refus, souscrivit à la liturgie de Cologne, *Kilner Reformationsordnung*, que Philippe de Hanau érigea en règle de foi dans sa seigneurie. Johannes, curé de Hatten, refusa au contraire d'adhérer à l'hérésie.

— HERRLISHEIM du bailliage d'Offendorf, abjura en 1687 le protestantisme que le comte de Hanau lui avait imposé en 1570.

— KAUCHENHEIM est cité en 834 dans le diplôme de Charles-le-Gros parmi les biens de l'abbaye de Honau, sous le nom de *Chochinheim*, et sous celui de *Vechenheim* dans des actes du XIIe siècle. L'abbaye de Königsbruch, dont la première abbesse fut Adelaïde de Vechenheim, y possédait une colonge et le chapitre de Honau y jouissait du droit de patronage. En 1542, le seigneur de Fleckenstein à qui le village appartenait, en chassa le curé et protestantisa les habitants. Les catholiques de Kauchenheim, Leutenheim et Forstfeld furent desservis, sous la domination française, par la cure de Beinheim jusqu'en 1751 où Leutenheim fut érigé en paroisse avec Forstfeld et Kauchenheim comme annexes.

— MUNCHHAUSEN, appelé *Munihhusa* dans les *Traditiones Wizenburgenses*, faisait partie du domaine appelé *le Propre de Ste Adélaïde*. En 1684 ce village retourna à l'Église catholique dont l'électeur palatin l'avait détaché.

— NIEDERKUTZENHAUSEN (*Chuzincusi*, 742, Trad. Wiz.) était un chef-lieu de bailliage de la baronnie des Fleckenstein-Dagstul qui établirent la Réforme en 1543 dans leur domaine. Les deux Kutzenhausen, Feldbach, Hœlsloch, Merckwiller, Mattstall et une partie de Lusan appartenaient au bailliage de Kutzenhausen, et tous ces villages, à l'exception de Mattstall, formaient une seule et même paroisse appelée *Kirchspiel de Kutzenhusen*.

— Niederrœdern était de même un chef-lieu de la seigneurie des Fleckenstein de la branche aînée qui s'était subdivisée en deux autres branches : celle de Soultz et celle de Niederrœdern. — Eberbach, Kretweiler, Ober-Lauterbach et Wintzenbach composaient la *Kellerey* appelée aussi *die oberste Vogtey ou Hochgegericht zu Nieder-Rüdern*. En 1686, le jour de la Saint-Michel, les catholiques reprirent possession du chœur de l'église de Niederrœdern.

— Offendorf figure sous le nom d'*Offonthorof* dans le diplôme de Charles-le-Gros, parmi les biens de l'abbaye de Honau. Chef-lieu de bailliage du comté de Hanau, *appelé vulgo Staab-Offendorf*, ce village qui dépendait de l'église de Bettendorf, fut protestantisé en 1573 et eut pour premier ministre, Anastase Gockenbach. Mais en 1689, il abjura la Réforme, fut annexé à Herrlisheim jusqu'en 1742, où il fut érigé en paroisse. Les autres endroits du bailliage, Herrlisheim, Rohrweiler, Drusenheim firent de même retour à l'Église catholique. Oberhoffen seul resta fidèle au protestantisme, dont l'établissement pour ce village date de 1577. Avant la Réforme, Oberhoffen possédait un rectorat uni, en 1298 à l'abbaye de Neubourg; de plus, un vicariat perpétuel, un primissariat et une chapellenie de Saint-Pierre.

— Reichstett, Rinstett, était un village épiscopal du bailliage ou de la préfecture de la Wantzenau. La cure, ancien rectorat relevant de l'archiprêtré de Saint-Laurent, fut adjointe au chapitre rural du Bas-Haguenau.

— Reschwog, appelé *Rentiba* dans la charte de Charles-le-Gros à l'abbaye de Honau, était sous les landgraves le siège d'un tribunal provincial. En 1685, ce village abjura le protestantisme, et ce faisant, il suivit l'exemple de Jean-Grégoire Metzler, le dernier pasteur évangélique de Reschwog. — Roppenheim était avant la Réforme une paroisse.

Puisque nous voilà sur le territoire de l'ancien comté de l'Uffriet, disons en quelques mots. Ce comté, ainsi qu'on le sait, comprenait les villages de Dalhunden, Sessenheim, Dengelsheim, Auenheim, Gisenheim, Reschwog, Stattmatten, Roppenheim, Runtzenheim, Kauchenheim et Forstfelden. Il se subdivisait en deux tribunaux qui tenaient leurs assises à Sessenheim et à Gisenheim. Fief de l'empire, le Rieth était partagé entre les landgraves et les Fleckenstein. Ceux-ci obtinrent en sous-fief la part landgraviale et se firent au XVIe siècle les apôtres de la Réforme dans leur seigneurie. Voici quelques détails relatifs aux paroisses du Rieth, que j'emprunte à la savante Étude de M. Hanauer *sur les Constitutions des Campagnes de l'Alsace au Moyen-Age*. «Comme les habitans du Rieth négligent les pratiques religieuses, n'assistent pas fidèlement au sermon et à la messe, les dimanches et jours de fête, ou s'arrêtent devant l'église à causer ou à acheter du pain, des souliers, ou d'autres marchandises exposées en vente, — on a fait autrefois un règlement à ce sujet. Quand les fabriciens, le sacristain ou les heimburger trouvent quelqu'un en défaut, ils doivent lui prendre un gage, le dénoncer et lui faire payer 1 sou à la seigneurie et une livre de cire à l'église. Celui qui travaille sur l'eau, au milieu des champs, ou à la maison, doit payer de même 30 sous à la seigneurie et une livre de cire à l'église. Cet arrêté sera maintenu, parce que, quand un pêcheur est à l'église, les autres profitent de son absence pour lui voler ses poissons ou lui gâter ses instruments de pêche.... *Enterrements*. — Quand il y a un enterrement dans le Rieth, les habitants se rendront à l'invitation de la cloche; on tirera au sort six hommes qui, sous peine d'un sou d'amende, sont chargés de déposer le corps dans le cercueil et de l'enterrer dans la paroisse. Les autres habitants ne sont pas tenus d'assister aux funérailles.... *Marguilliers*. — Les *Kirchenpfleger* sont tirés au sort et nommés pour la vie; ils pourront toutefois être révoqués. »

— La Robertsau, *Ruberti augia*, doit son origine, selon les chroniqueurs, à Rupert de Bock, qui y demeurait vers l'an 1200 avec Duhilde de Kœnigshoven, sa femme, dont il avait eu 20 enfants. Fief des évêques de Strasbourg, le village passa sous la domination de la ville de Strasbourg, qui y établit dès l'an 1524 la Réforme. Martin Hag en fut le premier ministre. L'église de la Robertsau était primitivement une chapelle dédiée à S. George et bâtie en 1339 par Nicolas Swarber. Jusqu'à la Réforme, elle dépendait de la cure de Saint-Laurent. En 1687 les catholiques occupèrent de nouveau le chœur de l'église; c'est à cette époque que fut érigée la cure royale sous le titre de Saint-Louis.

— Schiltigheim est appelé dans les actes du VIIIe siècle *Schildenchen*, *Schitingsdtbouhel*, *Scildenheim*. Ce village, qui s'est agrandi successivement des débris de Botteburg et d'Adelshoven, appartint d'abord à l'abbaye de Saint-Etienne et échut au XVIe siècle à la ville de Strasbourg, qui y créa en 1530 la paroisse protestante sous la direction de Wolfgang Schultheiss. Mais celui-ci ne fut pas goûté des habitants, qui s'adressèrent de préférence à l'illuminé Georges Schneider, « *parce que leur pasteur Schultheiss négligeait les devoirs de sa charge.* » Les visiteurs consistoriaux que nous venons de citer, se plaignaient également des désordres qui avaient lieu à la Robertsau et à Schiltigheim « *über das viehisch gottlos Wesen der Stadtleut.* » Avant la réforme, Schiltigheim faisait partie de l'archiprêtré de Saint-Laurent, et son église paroissiale était l'église de Sainte-Hélène, dite *Rotkirch*, située hors la porte de Pierre, sur le cimetière actuel. L'évêque Guillaume Ier donna à l'abbaye d'Eschau *ecclesiam Rothenkirchen cum barrochia Schiltenheim*. Rebâtie en 1288, cette église fut démolie en 1532, à l'exception de la chapelle de Ste Sophie dans laquelle le magistrat de Strasbourg avait fondé un bénéfice perpétuel pour les lépreux de la maladrerie voisine, et qui fut maintenue pour les besoins du culte protestant. La chapelle de Ste Sophie fut elle-même démolie en 1678 et le service paroissial transféré à Schiltigheim, où il y avait depuis plusieurs siècles une chapelle, qui fut ensuite agrandie et dont les catholiques occupèrent le chœur en 1733. Ceux-ci furent desservis par le curé de Bischofsheim jusqu'en 1763, que fut érigée la cure royale.

— Seltz, *Saletio*, Selsa. Station militaire sous les Romains, château-fort sous les Francs, ville forte sous les Germains; abbaye célèbre, domaine et lieu de sépulture de Ste Adélaïde; principauté et ville libre de l'Empire au XIVe siècle, collégiale en 1481, académie équestre en 1576; tels sont les titres qui servent à l'illustration de Seltz dans l'histoire de notre Alsace. Seltz était le chef-lieu du domaine que Ste Adélaïde concéda à son abbaye et qui reçut le nom de *Propre de Ste Adélaïde*. Ce domaine comprenait, outre la ville de Seltz, 14 villages, dont 5 étaient situés au-delà, et 9 en-deçà du Rhin. Ces 9 villages furent : Kesseldorf, Neu-Beinheim, Munchhausen, Schaffhausen, Niederrœdern, Kreitwiller, Eberbach, Oberlauterbach et Wintzenbach. Au temps de la Réforme, Seltz appartenait à l'électeur palatin qui, de concert avec le prévôt François de Gaulen et le doyen André de Weickersheim, introduisit le zwinglianisme. L'électeur Louis, voulant décalviniser Seltz au profit de la Confession d'Augsbourg, supprima l'Académie équestre que son prédécesseur Frédéric III avait fondée. La ville de Ste Adélaïde abjura en 1684 le protestantisme en présence de l'intendant Lagrange et de Jean Dez, recteur des jésuites de Strasbourg. Nicolas Dez fut nommé prévôt; celui-ci s'étant démis de son titre, le roi et le cardinal-évêque de Strasbourg unirent la prévôté au collège des jésuites, chargé d'entretenir un curé et un maître d'école à Seltz.

— Sessenheim figure dans des actes du VIIIe siècle en faveur des abbayes de Schwarzach, Wissembourg et Lièpvre, sous les noms de *Sesinheim*, *Sechingast*. Ce village était le chef-lieu de la prévôté du Rieth supérieur et son église était la mère-église de tout le canton. Le protestantisme y fut établi en 1543, et le *simultaneum*, en 1686.

— Soufflenheim, village de la Landvogtey, avait, outre

le rectorat uni au chapitre de Haguenau, un plébanat, un primissariat et une chapellenie de Saint-Vendelin.

— Suffelweyersheim était un village situé dans le bailliage de la Wantzenau, tandis que Mundolsheim était engagé aux Beger et aux Joham, qui y établirent le protestantisme. Avant la Réforme il y avait à Mundolsheim une cure-rectorat avec une chapellenie de l'autel Saint-Nicolas, à la collation du grand custos.

— Sultz-sous-Forêts, appelé Sulcia dans une charte de l'abbaye de Wissembourg datée de 737, était un ancien fief de l'église de Cologne, qui devint le chef-lieu de la baronnie de Soultz. Avant la Réforme, qui y fut introduite par le seigneur territorial, Soultz possédait une cure-rectorat, un plébanat et deux chapellenies de la Ste Vierge et de Ste Catherine.

— La Wantzenau, Wendlinsau ou territoire dédié à S. Wendelin, ne possédait d'abord qu'une chapelle desservie par la mère-église de Honau. Mais le Rhin n'ayant pas été *bon prince* pour le village de Honau qu'il engloutit deux fois, — la fille prit la place de la mère, et l'évêque Robert éleva en 1468 la Wantzenau au rang de paroisse en lui adjoignant Abertzheim, autre annexe de Honau, qui subit à son tour les caprices dévastateurs du fleuve, et dont les débris se fondirent avec le village de la Wantzenau. — Reichstett, Souffelweyersheim, Killstett, Gambsheim, Bettenhoffen, Weyersheim et la Wantzenau composaient le bailliage ou la préfecture épiscopale de la Wantzenau.

— Weyersheim, appelé Wiheresheim en 775 dans une charte de l'abbaye de Wissembourg, avait autrefois deux églises, dont l'une remarquable par sa haute tour, valut au village le nom de *Weyersheim-Zum-hohen-Thurm*. A en juger par la *qualité* de ses titulaires, la cure-rectorat de Weyersheim devait être recherchée. Voici d'après Grandidier[1] les noms de quelques recteurs de Weyersheim : Au XVIe siècle, le comte d'Eberstein, au XVIIe siècle, le baron de Créhange, doyen de la cathédrale de Strasbourg, le comte de Verdenbourg, le comte de Linange, le comte de Salm, Jean Pleister vicaire-général, Ch. Meyerhoffer, chanoine de Cologne. En 1687 les revenus de la cure furent unis au grand séminaire pour l'entretien de sa bibliothèque. Le primissariat fut fondé en 1344, et la chapelle de Saint-Wolfgang fut bâtie en 1486 par la libéralité de l'évêque Albert, du curé de la paroisse et du seigneur Urendorf.

— Le village de Bietlenheim était situé dans le comté de Hanau, ainsi que Weitbruch, Gries et Kurtzenhausen. La paroisse protestante de Gries fut créée en 1572 et eut pour premier ministre André Christianus, tandis que celle de Weitbruch (Wiccobrocho, 743) ne date que de l'année 1839.

— WINTZENBACH et Eberbach protestantisés par le seigneur de Fleckenstein firent retour au catholicisme avec Seltz et Schleithal.

CAPITULUM HAGANOEUS INFERIUS.

Archipresbyteratus ad tempus vacat proxime tamen est alius eligendus, vicem ejus supplet camerarius Nicolaus Mish Rector in Bettenhoffen.

Wantzenau.	Reichstett.	Schœnenbourg.
Bettenhoffen.	Weyersheim.	Beinheim.
Souffelweyersheim.	Soufflenheim.	Selz, Surbourg.

[1]. Œuvres historiques inédites. T. VI.

V.

ARCHIPRÊTRÉ DU HAUT-HAGUENAU.

Archiprêtre : BASLER, curé de Berstheim.
1787 : CROMER, id.
1788 : SULZER, curé de Momenenheim.

Batzendorf. — Ég. de *S. Arbogaste*. Coll. : le pr. év. de Strasbourg. Curé : Basler; Lang, vicarius in loco residens.
LITTELSHEIM, dét. — Ch. de S. Nicolas.
Bernishelm. — Ég. p. de *S. Pancrace*. Coll. : le pr. év. de Strasbourg. Curé : Ulrich.
KRIEGSHEIM. — Ég. de S. Ulric.
ROTTELSHEIM. — Ég. de S. Martin.
Berstheim. — Ég. p. de *S. Martin*. Coll. : le landgrave de Hesse-Darmstadt. Curé : Basler, 1781 Cromer.
KEFFENDORF. — Ég. de S. Jacques-le-Majeur.
WINTERSHAUSEN. — Ég. de S. George.
HŒCHSTETT. — Ég. de Ste Gertrude.
Bitschoffen. — Ég. p. de *S. Maurice*. Coll. : le pr. év. de Spire. Curé : Schlatter, 1782 Haberer.
KINDWEILER. — Ég. de S. Laurent.
UEBERACH. — Ég. de S. Vendelin.
ENGWEILER.
MIETESHEIM. — Ég. de S. George.

Hossendorf. — Ég. p. de *S. Laurent*; Coll. : le duc de Choiseul. Curé : Forst, 1782 Bæhr.
LIXHAUSEN. — Ég. de S. Nabor.
Bouxweiller. R. — Ég. p. de *S. Léger*. Coll. : le pr. év. de Strasbourg. Curé : Cromer, 1781 Golzné, 1785 Bieth, 1788 Schnabel.
PRINTZHEIM. — GOTTESHEIM. — UTHWEILER.
RIEDHEIM. † — Ég. de la Ste Croix.
IMSHEIM. † — Ég. de S. Martin.
Daugendorf. — Ég. p. de *SS. Cyriaque et Pancrace*. Coll. : l'abbé de Neubourg. Curé : Dom Scheid. — Ch de S. Pancrace et de S. Urbain.
Dieffenbach. † R. — Ég. p. de *S. Barthélemy*. Coll. : le pr. év. de Strasb. Curé : Trœstler, 1785 Enger.
FROHMÜHL. — WEISLINGEN. — STRUDE-HINSBERG.
WOLSBURG. † — Ég. de S. Sébastien.
HAMBACH. — ASWEILER.
Dürrenbach. — Ég. p. de *S. Barthélemy*. Coll. : le pr. év. de Spire. Curé : Schaveid.
Eschbach. — Ég. p. de *S. Martin*. Coll. : le landgrave de Hesse-Darmstadt. Curé : Scheitel.
FORSTHEIM. — Ég. de S. Nicolas.
LAUBACH.
Ettendorf. — Ég. p. de *S. Nabor*. Coll. : l'abbé de Neubourg. Curé : Schmitt. 1781 Wirtz.
BUESWEILER.
Grassendorf. — Ég. p. de *S. Agathe*. Coll. : l'abbé de Stürtzelbronn. Curé : Mosser.
BACHHOFFEN, dét. — Ég. de S. Ulric.
Guntershoffen. † R. — Ég. p. de *S. Jacques-le-Majeur*. Coll. : le pr. év. de Strasb. Curé Arnold.
GUMBRECHTSHOFFEN †. — Ég. de S. Barthélemy.
UTTENHOFFEN †. — Ég. de S. Jean-Baptiste.
SCHEURLENHOFFEN. — IGGELSHOF.
Haguenau de Saint-George. — Ég. p. et collég. de *S. George*. Coll. : le magistrat de Haguenau. Curé : Perdrix-Servo. — Deux vicariats. — Ch. de Ste Barbe.

— Ch. de Ste Anne dans l'église par. — Ég. des Franciscains. — Ég. des Capucins. — Ég. des Annonciades célestes. — Ch. de S. Martin, à l'hospice. Ch. de S. Vendelin. — Ch. de la Ste Croix. — *Olim* : Ég. du palais impérial.

HARTHAUSEN. — BIRGENWALD.

MARIENTHAL. — Ég. de la B. V. Marie.

Hochfelden. — Ég. p. de *SS. Pierre et Paul*. Coll. : le chap. de Neuwiller. Curé : Bosque, 1785 Weisrock. — Chapellenies de Ste Marie-Madeleine et de la B. V. Marie, dans l'église par. — Ch. de S. Maurice, avec chapellenie. — Ch. de S. Vendelin. — Chapellenie de la B. V. Marie, *intra chorum*. — Chapellenie de la B. V. Marie, *extra chorum*.

SCHAFFHAUSEN. — Ég. de S. Sébastien.

MUNTZENHAUSEN. — Ég. de S. Blaise.

WILSHAUSEN. — HOHFRANCKENHEIM.

SCHERLENHEIM. — Ch. de Denis et de Ste Odile.

Hohenatzenheim. — Ég. de *SS. Pierre et Paul*. Coll. : le chapitre de Neuviller. Curé : Ohlmann.

MITTELHAUSEN.

Hüttendorf. — Ég. p. de *S. Vincent*. Coll. : de Flachslanden. Curé : Hoffmann.

Ingweiler. † R. — Ég. p. de *Ste Marie-Madeleine*. Coll. : Le pr. év. de Strasbourg. Curé : Mehl, 1786 Krumeich, 1989 Harbaur.

MENCHHOFFEN †. — Ég. de Ste-Catherine.

SCHILLESDORF. — SEELHOFFEN. — RAUSCHENBURG.

WEINBURG ††. — Ég. de S. Vendelin et ég. de S. Jacques-le-Majeur.

Kaltenhausen. — Ég. p. de *S. Vendelin*. Coll. : le magistrat de Haguenau. Curé : Oberlin, 1785 Loyson.

Kirweiller † R. — Ég. p. de *S. Martin*. Coll. : le pr. év. de Strasb. Curé : Schmitt, 1781 Bieth, 1785 Krumeich, 1786 Bohm.

RINGENDORF. — ISENHAUSEN. — BOSELSHAUSEN. — GEISWEILER. — OBERMOTERN.

Lembach † R. — Ég. p. de *S. Jacques-le-Majeur.* Coll. : le pr. év. de Strasb. Curé : Dessert, 1788 Rohmer, 1789 Brucker.

Rohrenthal. — Daxloch. — Drautbronn. — Sultzthal. — Ratzenthal.

Niedersteinbach. — Ég. de S. Gall.

Pfaffenbronn, et fermes à Lindel et Wengelsbach.

Mattstall. — Disteldorf. — Flechenstein, château. — Frundsberg.

Lichtenberg R. — Ég. p. de *S. Louis, in castro.* Coll. : le pr. év. de Strasb. Curé : Reebmann.

Reippertsweiler †. — Ég. de S. Jacques.

Schweighof. — Wiltenguth. — Fuchsthal. — Mellich. — Offweiler. — Bischoltz.

Rohbach †. — Ég. de S. Léonard.

Dhan, dét.

Lutzelstein, ou La-Petite-Pierre † R. — Ég. p. de *l'Assomption de la B. V. Marie.* Coll. : le pr. év. de Strasb. Curé : Rietsch, 1786 Petin, 1789 Kruog.

Lohr. — Petersbach. — Durstel. — Adamsweiler. — Bettweiler. — Gungweiler. — Suberg.

Mertzweiler † R. — Ég. p. de *S. Michel.* Coll. : le pr. év. de Strasb. Curé : Roussel, 1788 Stoll.

Griesbach †. — Ég. de SS. Vit et Modeste.

Minwersheim. — Ég. p. de *S. Hilaire.* Coll. : de Wangen. Curé : Willeaume, 1782 Demeuré.

Etschausen, dét.

Eckendorf. — Altorf.

Mommenheim. — Ég. p. de *S. Maurice.* Collateur : l'abbé de Schwartzach. Curé : Sultzer.

Waltenheim †. — Ég. de S. Étienne.

Schwindratzheim †. — Ég. de SS. Pierre et Paul.

Franckelsheim, dét.

Morsbronn † R. — Ég. p. de *Tous-les-Saints.* Coll. : le pr. év. de Strasb. Curé : Brucker, 1789 Rohmer.

Hegeney. — Ég. de Ste Marguerite.

Eberbach. — Ég. de S. Vendelin.

Morschweiler. — Ég. p. de *S. Étienne.* Coll. : l'abbé de Neubourg. Curé : Dom Dürrenberger, Scharck, Mahler.

Neuweiler †. — Ég. de *S. Adolphe.* Coll. : le chapitre de Neuweiler. Curé : Klein. — Ég. collégiale de SS. Pierre et Paul. — Chapellenies de S. Vincent et de S. Jean. — Ég. des récollets avec hospice.

DOSENHEIM †. — Ég. de S. Étienne.

ZELL-IM-THAL. — HERRENSTEIN, castrum. — KUGELBERG — WASENBERG, (det.) — GRIESBACH. — BOCHSMÜHL. — BREITSCHLOSS et FALBERG

Niederbronn †. — Ég. p. de *S. Martin.* Coll. : le pr. év. de Strasb. Curé : Eberlé.

Niederschæffelsheim. — Ég. p. de *S. Michel.* Coll. : le chapitre de Saint-Pierre-le-Jeune. Curé : Sand, 1786 Rauscher.

Oberbronn † R. — Ég. de *S. Étienne.* Coll. : le pr év. de Strasb. Curé : Roos, 1783. Anselm.

ZINSWEILER †. — Ég. de S. Jacques-le-Majeur.

WASENBURG. — BREITENWASENHOF.

Obersteinbach. — Eg. p. de *S. Martin.* Coll. : l'abbé de Sturzelbronn. Curé : Lœngel.

TAMBACH. — Ég. de S. Maurice.

NEUNHOFFEN. — Ég. de S. Jean-Baptiste.

NEUDORF. — ZIPPFELTHAL. — CAPPENWOG. — WINSTEIN. PHILIPSBURG.

Pfaffenhoffen. † R. — Ég. p. de *SS. Pierre et Paul.* Coll. : le pr. év. de Strasb. — Curé : Mehl.

SCHALCKENDORF. — ZUZENDORF. — MULHAUSEN. — WALCK.

UHRWEILER †. — Ég. de S. Michel.

NIEDERMODERN †. — Ég. de S. Jean-Baptiste.

Reichshoffen. — Ég. de *S. Michel.* Coll. : de Dietrich. Curé : Lambrecht.

WOLFERSHOFFEN, dét. — Ch. de S. Wolfgang ou S. Loup. LAUTERBACHERHOF. — JÆGERTHAL, une partie.

Rumersheim. — Ég. p. de *S. George.* Coll. : le seigneur d'Andlau. Curé : Scheck.

Mittel-Schæffelsheim. — Ég. de S. Sébastien.
Bilwisheim. — Ég. de S. Étienne, avec chapellenie.
Gimbrett. — Reitweiler. — Berstett.
Ifferen. — Ch. de S. Vendelin, dét.

Schweighausen. R. ☨ — Ég. p. de *S. Jacques-le-Majeur.* Coll. : le pr. év. de Strasb. Curé : Uhring, 1784 Lorenz.

Vendenheim † R. — Ég. p. de *S. Lambert.* Coll. : le pr. év. de Strasb. Curé : Dosmann, 1786 Pimpel.

Olwisheim ☨. — Ég. de SS. Pierre et Paul. Ch. de la Ste Trinité avec chapellenie. — Ch. de S. Pancrace et chapellenie.

Lampertheim ☨. — Ég. de S. Arbogaste.
Eckwersheim.

Uhlweiler. — Ég. de *SS. Pierre et Paul.* Coll. : le pr. év. de Spire. Curé : De la Ville.

Nieder-Altorf. — Ég. de S. Nicolas.
Ohlungen. — Ég. de S. George. — Ch. de S. Maurice.

Uhrweiler. — Ég. p. de *S. Michel.* Coll. : le pr. év. de Strasb. Curé : Rumpler, 1783 Bizaca.

Wahlenheim. — Ég. p. de l'*Assomption de la B. V. Marie.* Coll. : de Weittersheim. Curé : Ulrich, 1788 Dubocq.

Walburg. — Ég. p. de *Ste Walburge.* Coll. : le séminaire épiscopal. Curé : Lutzweiler.

Hinderfeld. — Grindel et Glass. — Winckel.

Weitersweiler ☨ R. — Ég. p. de *S. Michel.* Coll. : le pr. év. de Strasb. Curé : Martz.

Sparsbach. — Ober-Sultzbach.
Nieder-Sultzbach. — Ch. de la Croix.
Erckartsweiler ☨. — Ég. de Ste Apollonie.

Uhrwisheim. — Ég. p. de *S. Martin.* Coll. : de Wangen et de la Fage. Curé : Simonis, 1782 Fingado.

Melsheim.

Wingen † R. — Eg. p. de *S. Félix.* Coll. : le pr. év. de Strasb. Curé : Dietrich.

Rosteig. — Hochberger. — Glashütte. — Quidsthal

— 67 —

Hünnencker. — Kohlhütte. — Schüsserthal et Kindsbrunn. — Zittersheim. — Wimmenau.
Wingersheim. — Ég. p. de *S. Nicolas.* Coll. : le duc de Choiseul. Curé : Ohlmann, 1781 Forst.
Dunnenheim.
Baumgarten. — Chap. claustrale de l'abb. de Neubourg.
Wittersheim. — Ég. p. de *S. Ulric.* Coll. : de Krebs et Herrisheim. Curé : Kieffer.
Geboltzheim.
Wœrth † R. — Ég. p. de *S. Laurent.* Coll. : le pr. év. de Strasb. Curé : Goltzné, 1782 Münch.
Langensultzbach †. — Ég. de S. Barthélemy.
Frœschweiler †. — Ég. de *S.* Michel.
Eselshausen. — Lienenheim. — Jægerthal, une partie.

Le chapitre rural du Haut-Haguenau renfermait 47 paroisses, 100 églises, 17 chapelles, 2 primissariats, 9 chapellenies, 42 églises mixtes dont 20 paroissiales, 43 paroisses protestantes, 32 temples et 20 synagogues. — Le simultaneum a disparu dans les églises de Bouxweiler, Neuweiler, Uhrweiler, Frœschweiler, Nieder-Modern, Petersbach et Schwindratzheim.

Les annexes érigées en paroisses sont : Batzendorf, Bilwisheim, Dambach, Forstheim, Ohlungen, Schaffhausen, Uhrweiler en 1803; Eberbach 1844; Kindweiler et Gumprechtshoffen en 1855; Ueberach en 1864; Kriegsheim en 1870.

Familles cath. 4416, — prot. 4523, — calv. 23, — isr. 458.

Haguenau de Saint-George : Collégiale de 10 chanoines et 2 vicariats.
— Couvent de Franciscains, 12 religieux. *Gardien* : le P. René Pierret.
— Couvent de Capucins, 25 religieux. *Gardien* : le P. Tibère de Benfeld.
— Couvent d'Annonciades célestes, 30 religieuses. *Prieure* : Monique Engelmann.
— Hospice.

LICHTENBERG. — Hôpital militaire.
NEUBOURG. — Abbaye de Citeaux, 14 religieux. — R. P. Abbé : Ig. Xav. Dreux.
NEUWEILER. — Collégiale de 14 chanoines et 5 vicariats. — Hospice de 6 Récollets. — Gardien : le P. Bringel.
Olim : HAGUENAU. — Collége de Jésuites ; — couvent de Guillelmites ; — couvent de Pénitentes de Sainte-Madeleine.
HOCHFELDEN : Prieuré de Guillelmites.
INGWEILER, SEELHOFEN : Prieuré de Citeaux.
WALBOURG : Abbaye de Bénédictins.

VARIA.

Voici les villages situés dans l'archiprêtré du Haut-Haguenau, qui dépendaient de la Landvogtey impériale: Batzendorf, Bernolsheim, Kriegsheim et Rottelsheim ; Berstheim, Hochstett, Keffendorf et Wintershausen ; Bitschhoffen, Kindweiler et Ueberach; Bossendorf et Lixhausen; Hegeney ; Eschbach et Forstheim; Ettendorf; Grassendorf; Hochfelden, Mutzenhausen et Scherlenheim ; Hüttendorf ; Minversheim ; Mommenheim ; Morschweiler et Ringeldorf; Niederschäffolsheim ; Ohlungen ; Rumersheim, Bilwisheim et Mittelschäffolsheim ; Wahlenheim ; Walck ; Wingersheim ; Wittersheim et Geboltzheim. — En reportant les yeux sur la statistique de l'archiprêtré, le lecteur pourra remarquer que tous ces anciens *Reichsdörfer* sont restés catholiques. La Réforme avait bien essayé d'y pénétrer, mais en 1561 le baron Nicolas de Bollwiller, seigneur du Val de Villé, fut nommé Unterlandvogt, avec la mission d'assurer le maintien du catholicisme dans la *kaiser-*

liche Vogtey, ainsi que dans les autres terres de l'empire. Kindweiler, Ueberach, Bitschoffen et la Walck étaient de la paroisse de Pfaffenhoffen, où Wolf de Wickersheim, collateur du bénéfice, avait installé, de concert avec le comte de Hanau, un ministre luthérien. Mais grâce à l'énergique intervention du baron de Bollwiller, les quatre villages furent soustraits à l'influence de Wickersheim, et formèrent une paroisse sous la mère-église de Kindweiler. A partir de ce moment, le protestantisme fut écarté des villages de la Préfecture de Haguenau.

— BATZENDORF était parmi les villages d'Empire un chef-lieu, appelé *Juridiction ou Stab* Batzendorf. Le vicariat perpétuel relevait de la cure de Berstheim. Ce dernier village figure dans un titre de l'abba.. de Fulde, de 798, sous le nom de *Beroldashaim*. Le patronage de son église, *mère de quatre filles*, était un fief mouvant des Lichtenberg et appartenait au commencement du XIVe siècle à Hugues de Batzendorf.

— BITSCHHOFFEN desservait Mietesheim. Ce village ainsi que celui d'Engweiler étaient situés dans le comté de Hanau. Le premier devint paroisse protestante en 1568 sous le pasteur Mathias Beutelmann, et le second en 1570 sous le ministre Antoine Reuchlin.

— BOSSENDORF ou *Waltorf*, annexe de Hochfelden, fut érigé en paroisse, en 1587, par l'évêque Jean de Manderscheidt. L'église de Saltzbourg et les abbayes de Neuwiller et de Stürzelbronn avaient des biens dans ce village. — Lixhausen, appelé *Lintolteshusa* dans les Trad. Wis., avait son curé particulier, avant le protestantisme.

— BOUXWILLER était un ancien fief de l'église de Metz.

Le pape Alexandre III accorda par une bulle de 1178, à l'abbaye de Neuwiller, *ecclesiam Bushwilre cum decimis et curia et aliis suis pertinentiis.* Ville fortifiée sous les Lichtenberg, Bouxwiller devint, après l'établissement de la Réforme, le siége de la régence, du consistoire, et de la chambre des comptes de la maison de Hanau-Hesse-Darmstadt. Le droit que les seigneurs s'étaient arrogé de changer à leur gré la religion de leurs sujets, fut largement appliqué dans ce bailliage, comme on peut en juger par le relevé des endroits qui en faisaient partie : Bouxweiler, Prinzheim, Gottesheim, Uthweiler, Riedheim et Imsheim ; Kirrweiler, Ringendorf, Isenhausen, Boselshausen et Geissweiler ; Dunzenheim, Griesbach, Gimbrett, Hohfranckenheim, Melsheim, Menchhoffen, Niedersultzbach, Reitweiler et Wilshausen. Ce fut le seigneur de Hanau, Philippe IV, qui implanta le protestantisme dans le comté. Inspiré par son conseiller Fleischbein ou Sarcosterus, il établit à Bouxwiller le pasteur Theobaldus Groscher l'ami de Butzer. Trois auxiliaires, Sœll, Offner et Pflüger, furent chargés d'évangéliser la contrée. Parmi les statuts de Réforme, voici celui qu'au rapport de Sœll, il plut au seigneur de Hanau de décréter touchant la confession et l'Eucharistie. « *De confessione privata et Eucharistiæ præparatione. Die will m. g. herr vor allem fleissig in dem ganzen Volck umb viler ursach willen gehalten haben.* » En l'année 1545, le même seigneur convoqua tout le clergé de la seigneurie au synode de Bouxwiller. Sur les 21 ecclésiastiques qui vinrent à cette réunion, huit d'entre eux avaient déjà adhéré à la Réforme. Ce furent Groscher, pasteur à Bouxwiller, Blasius Pantaleo à Pfaffenhoffen, Sœll à Kirrweiler, Christophe à Westhoffen, Weinbrenner à Ballbronn, Klein à Schwindratzheim, Stendinger à Prinzheim, et Siegrist à Obermodern.

Les curés, Fredericus de Dunzenheim, Nicolaus d'Ernolsheim, Sergius de Gottesheim, Laurentius Ruhel de Niederbetschdorf, Ludovicus de Rittershoffen, Augustinus d'Atzenheim, et Johannes de Hatten, demandèrent un délai ur examiner à loisir la nouvelle doctrine, et à l'exception des curés de Rittershoffen et de Betschdorf, ils restèrent fidèles à leur ancienne Foi. — Jean comte de Wœrd, le dernier des landgraves de la Basse-Alsace, fut inhumé en 1376, dans la chapelle du château de Bouxwiller.

— Dauendorf, Tockendorff, figure dès le XIe siècle, parmi les biens de l'abbaye de Neubourg, qui cependant n'en acquit la seigneurie qu'en l'année 1237. L'église de Dauendorf fut pendant quelque temps un sujet de contestation entre l'abbé de Wissembourg et celui de Neubourg; mais une transaction, qui eut lieu en 1209, termina le différend et établit l'abbé de Neubourg tranquille possesseur de ladite église. A partir de 1487, la cure de Dauendorf devint régulière, et fut desservie jusqu'à la Révolution, par des religieux de l'abbaye.

— Eschbach, village impérial, avait un primissariat et était paroisse de Forstheim et de Laubach. En 1151, Walther, abbé de Seltz, abandonna les dîmes de *Lobach* à Ulric, abbé de Neubourg. — Forstheim et Ettendorf étaient tous deux villages de l'empire, et inféodés à la seigneurie de Hohenfels qui appartenait aux nobles d'Ettendorf; ils furent unis, après l'extinction de cette famille, à la préfecture de Haguenau. Le duc Charles de Lorraine avait vendu, en 1399, le domaine direct de Forstheim à l'église de Strasbourg.— L'abbaye de Neubourg obtint la cure d'Ettendorf, en 1327, de la libéralité de Louis et Hanneman de Lichtenberg ; et, en la même année, l'évêque Jean lui en incorpora les revenus.

— HAGUENAU DE SAINT-GEORGE. Saluons maintenant l'ancien castel des Hohenstaufen, Haguenau, la *Reichstadt*, la première des villes d'Alsace, après Strasbourg, le chef-lieu de la Landvogtey impériale, le siége de la Chambre du Saint-Empire et de la préfecture décapolitaine ; et après avoir payé ce tribut aux souvenirs d'un glorieux passé, entrons dans l'église paroissiale de Saint-George. Modeste filiale de Schweighausen, l'église de Saint-George fut élevée dès l'an 1147 par l'empereur Conrad III au rang d'un rectorat. S' Bernard revenant de Spire, y offrit le saint sacrifice de la Messe ; l'évêque Henri de Hasenbourg en fit la consécration solennelle en 1189 ; et l'empereur Rodolphe y établit en 1287 un chapitre avec un prévôt, dont il se réserva la nomination. La cure de Saint-George avait d'abord été desservie par des Leutepriester et s'était étendue sur les deux rives de la Moder ; mais en 1207, elle perdit la rive gauche, qui fut donnée aux prémontrés de Saint-Nicolas, et en 1354, après la suppression du chapitre institué par Rodolphe, elle fut confiée aux Frères hospitaliers de Saint-Jean, qui l'administrèrent jusqu'en 1536. Unie en 1470 par bulle du pape Boniface, à la commanderie de Thorolsheim, ses biens furent réunis en 1535 à ceux de la fabrique de Saint-George, administrée par le magistrat. Celui-ci s'arrogea exclusivement pendant la Réforme le droit de patronage, et remplaça les Johannites par des curés séculiers. En 1604, les Jésuites furent chargés temporairement de la paroisse. Enfin en l'année 1737, le cardinal de Rohan transféra la collégiale de Surbourg, dans l'église de Saint-George de Haguenau, dont le recteur par acte épiscopal de 1738 prit rang parmi les chanoines. Les nombreux bénéfices de Saint-George furent réduits aux deux chapellenies de Saint-Jacques et de Sainte-Anne.

Il me reste à résumer en quelques mots la crise que traversa, au temps de la Réforme, la ville impériale. Wolfgang Capito et Antoine Firn, l'un prévôt, et l'autre curé de Saint-Thomas, tous deux de Haguenau, s'efforcèrent d'amener leurs compatriotes au protestantisme. Mais leurs efforts échouèrent contre la fermeté et la fidélité de Jérôme Gebwiller, qui se trouvait alors à la tête de l'école de Saint-George. La réforme ne réussit à prendre sérieusement pied à Haguenau que vers l'an 1565, grâce à la défection et au concours de quelques membres, les plus influents du sénat. Jacobus Andrea ou Schmidlin, chancelier de l'académie de Tubingue, parvint à établir en cette même année une paroisse dans l'église des franciscains, qu'il donna au wurtembergeois Philippe Heerbrand. La Réforme fit des progrès, elle envahit le sénat et gagna même à sa cause et à celle du mariage, Jacques Textor, curé de Saint-George, et Bernsheimer, gardien des Franciscains. Ce *bel essor* fut subitement comprimé par l'arrivée de quelques Jésuites de Molsheim, auxquels on confia bientôt la paroisse et l'école latine. En 1613 les Capucins vinrent joindre leur concours à celui des fils de S. Ignace, et en 1628 un décret déclarait le culte protestant aboli à Haguenau: l'ancienne Reichstadt avait repris sa place parmi les cités catholiques d'Alsace.

— La chapelle de S. Jacques fût bâtie en 1196 par Jacques de Fleckenstein; celle de la Croix hors de ville, fut reconstruite en 1625 par le sénateur Bildsteim; et celle de S. Martin, de l'hôpital, remonte à l'année 1570.

— HARTHAUSEN. Un prêtre de la famille du comte Pierre de Lutzelbourg, nommé Hartmann, avait donné à l'église de Strasbourg *decem mansos in marchia Harthusen cum uno mancipio Gebba nomine et ecclesia in prefato loco in honorem sancte Margarethe constructa*. Ce legs engendra un conflit entre les héritiers de Hartmann : finalement, le bien fut abandonné. Au commencement du XIIIe siècle, le chapitre de Strasbourg abandonna ses droits sur Harthusen à l'abbaye de Neubourg, que le comte Reinhold avait déjà mise en jouissance de ce domaine.

— MARIENTHAL. Qui, en Alsace, ne connaît le célèbre pèlerinage de Marienthal? Qui n'a prié devant la Madone miraculeuse ? — Au commencement du XIIIe siècle, Marienthal était un petit ermitage que s'était construit le chevalier Albert de Wangen. Une statue de la Vierge, que le pieux chevalier y plaça, fit donner à l'*Alberts-Beths-Hæusslein* le nom de Marienthal. Bourcard de Wangen et son épouse érigèrent en 1225, non loin de l'oratoire d'Albert, une église en l'honneur de la Mère de Dieu ; tandis que de son côté Albert, de concert avec son frère Engelhardt, sa sœur Igna, et les sieurs Seemann et Frédéric de Wasichenstein construisirent en 1257, un couvent qu'ils cédèrent aux Guillelmites. Le pèlerinage de Marienthal acquit bientôt une très-grande renommée. Mais aux beaux jours vinrent succéder les jours sombres et néfastes, amenés par les guerres des paysans et des Suédois. Les images vénérées de la Vierge furent heureusement soustraites aux fureurs des Rustauds, comme elles le seront plus tard au marteau des révolutionnaires. Et, après la Réforme comme après la Révolution, Marienthal vit refleurir la piété et la confiance des serviteurs de Marie, et se renouveler les prodiges opérés par l'intercession de la Reine du ciel ; il vit de nouveau les grandes foules et les belles solennités ; il vit la royale munificence de la très-pieuse Marie Leczinska, les splendeurs de la fête du Couronnement, et l'érection du magnifique sanctuaire que l'Alsace catholique a dédié à la gloire de sa Patronne.

— Hochfelden, bourg considérable, dit Schöpflin, était autrefois défendu par un château ; il a reçu son nom de sa situation élevée au milieu des plaines découvertes. L'empereur Othon Ier donna en 968 à son épouse Adélaïde l'église de Hochfelden, que l'empereur Henri III céda vers le milieu du XIe siècle à l'abbaye de Fleuri. Celle-ci la vendit peu de temps après, en raison de son éloignement, à l'abbaye de Neuwiller, pour deux cents livres d'argent et cinq livres d'or. En 1085 Henri IV augmenta cette acquisition que l'abbaye venait de faire, en lui abandonnant les trois quarts des dîmes de Hochfelden. L'église paroissiale unie à Neuviller, était richement dotée, et pourvue d'églises filiales, de chapelles et de bénéfices.

— Hohatzenheim, de même uni à l'abbaye de Neuviller, était l'église-mère de Wingersheim, Mittelhausen et Waltenheim. Philippe de Hanau y introduisit en 1546 la Réforme, et le curé catholique alla s'installer à Wingersheim, qui relevait de la préfecture de Haguenau. Le village de Hohatzenheim fut tellement ruiné par les guerres, qu'il ne comptait plus en 1646 que deux bourgeois. En 1687, il abjura le protestantisme, mais le curé continua de demeurer à Wingersheim jusqu'en l'année 1778, où il fut décrété que chacun de ces deux villages serait paroisse. Aujourd'hui l'ancienne église-mère est de nouveau sous la dépendance de sa fille d'autrefois. Hohatzenheim apparaît dès le XIe siècle comme un lieu de pèlerinage de la très-sainte Vierge.

— INGWEILER appelé dans les Trad. Wis. *Ingoniuulare* en 742, était un fief de l'église de Metz, appartenant aux Lichtenberg. Il échut en 1570 au comte de Hanau, qui y établit aussitôt un ministre dans la personne de Jacques Itzstein. Parmi les biens de l'abbaye de Neuwiller, la bulle d'Alexandre III, de 1178, mentionne : « ecclesiam de *Ingelwilre* cum decima et curia, capellam de *Menechenhoven* et curiam cum pertinentiis. » — Seelhoffen est un ancien prieuré de l'abbaye de Neubourg. — Le bailliage d'Ingweiler renfermait les villages suivants : Ingweiler, Neuweiler, Ingenheim, Lichtenberg village, Wimmenau, Reipertsweiler, Schillersdorf et Mietesheim ; et les hameaux et censes de Fuchsthal, Füllengarten, Kinderbrunnen, Mellich, Seelhoffen et Zell-im-Thal.

— KALTENHAUSEN desservi par les chapelains de Saint George de Haguenau fut érigé en paroisse, en l'année 1751. Le village faisait partie du domaine de la ville de Haguenau.

— KIRRWEILER figure en 742 dans les Trad. Wis. sous

le nom de *Chirchovilare*. En 1525 Rudiger, prévôt de l'église collégiale de Wissembourg, vendit au comte de Hanau, les villages de Kirrwiller, Ringendorf, Lixhausen, Bosselshausen, Issenhausen, Wittersheim, Obermodern, Bueswiller et Schalckendorf.

— Lembach était divisé par la Sauer en bourg et en village. Le bourg était un fief de l'évêché de Strasbourg que possédaient les seigneurs de Fleckenstein, et le village était un alleu de ces mêmes seigneurs, qui échut avec le château aux Vitzthum. La Réforme y fut établie en 1565. — L'évêque Guillaume II avait permis en 1425 de célébrer la Messe dans la chapelle du château de Fleckenstein, et Lembach était alors desservi par le chapelain du château.

— Volontiers, au lieu de poursuivre cette sèche nomenclature de noms et de dates, nous aimerions, avec des amis, de nos lecteurs, faire quelque excursion dans cette partie septentrionale des Vosges, si riche en souvenirs, en ruines, en châteaux et en sites pittoresques. Nous n'aurions que l'embarras du choix. C'est d'abord le castel seigneurial, berceau de la puissante dynastie des Lichtenberg, qui émerge dans la lumière. Là, comme dans un nid d'aigle, les seigneurs bardés de fer pouvaient en sécurité et avec orgueil contempler leur vaste domaine: champs, pâturages, forêts, bourgs et villages, le tout s'étendant à perte de vue jusqu'à la lisière de l'horizon lointain, où apparaît dans la brume le monument merveilleux qui transmet aux âges le nom des Lichtenberg. Le *mons lucis* nous conduirait d'un côté vers les plateaux de la Lorraine, où nous trouverions non loin l'un de l'autre, Neuwiller, le Herrenstein, l'*Alteburg* ou

Lützelstein. D'un autre côté, en descendant vers la petite ville thermale de Niederbronn, nous pourrions nous joindre à un groupe de baigneurs bien portants, et avec eux, visiter tour-à-tour les belles ruines du Wasenburg, l'Arnsberg, le Ramstein, le Falckenstein; au fond du Jægerthal, sur les sommets de la montagne, les deux Windstein ; à l'ouest, le Hohenfels avec son cachot taillé dans le roc; au nord-ouest, le Schöneck et les petits châteaux de Windeck et de Wittelschloss. Ou bien encore, traverser religieusement *le vaste champ des morts glorieux*, nous engager dans le Liebfrauenthal, et après une halte à Lembach, faire connaissance avec le Frendsburg, le Wasichenstein, le Lützelhart, le Hohenburg et le Lœwenstein, pour nous reposer, au retour, devant la magnifique ruine du Fleckenstein, qui s'élevant dans les airs, sur son rocher gigantesque, semble encore vouloir défier les âges, comme jadis, il défiait les téméraires qui osaient s'en prendre à lui. Mais, bon gré mal gré, il nous faut revenir à nos moutons, et c'est à Lichtenberg que nous nous sommes arrêtés.

— Lichtenberg était la plus vaste des seigneuries d'Alsace. Elle comptait près de 100 villages répartis en 12 bailliages, dont les 9 suivants étaient situés en Alsace : Bouxwiller, Ingwiller, Pfaffenhoffen, Brumath, Wolfisheim, Westhoffen, Offendorf, Hatten et Wœrth. A la mort de Jacques, le dernier des Lichtenberg, arrivée en 1480, la seigneurie échut par moitié à Philippe, comte de Hanau, et à Simon Wecker, comte de Deux-Ponts-Bitsche, lesquels avaient épousé les nièces du comte Jacques. Les Hanau, gagnés au protestantisme, appliquèrent dans leur domaine la maxime : « Cujus est regio, illius est religio » et firent changer de religion à leurs sujets des bailliages de Pfaffenhoffen, Wolfisheim, Westhoffen et Hatten. Ce changement se fit en 1545. Et lorsque, par son mariage avec Marguerite-Louise, héritière du comté de Deux-Ponts-Bitsche, le comte de Hanau Philippe V obtint en 1573 l'autre moitié de la seigneurie de Lichtenberg, — les bailliages de Brumath, Wœrth, Offendorf et la seigneurie d'Oberbronn furent de même acquis à la Réforme. C'est ainsi que le protestantisme s'est implanté dans la seigneurie des anciens princes-évêques de Lichtenberg. Le premier ministre évangélique de Lichtenberg fut Sébastien Rheinstein ; mais en 1694 la desserte du village et du château fut abandonnée au diacre d'Ingwiller.—Jacques, le dernier des Lichtenberg, fut enterré dans l'église de Reipertsweiler, qu'il avait fait construire. — Offweiler devint une paroisse protestante en 1583 ; son premier pasteur, fut Michel Sies. — Rothbach était avant la Réforme un rectorat uni à l'abbaye de Neubourg. Au-dessus de Rothbach s'élevait l'église dite *Frauenkirch*, et à une lieue de Lichtenberg, on trouve encore quelques débris d'une autre église, appelée *Thierckirch*. La tradition veut qu'il y ait eu, ici et là, un pèlerinage et un monastère de femmes.

— Lutzelstein ou la Petite-Pierre était le chef-lieu du comté qui porte son nom. Ce comté était divisé en sept prévôtés et appartenait au XVIe siècle aux princes palatins de Veldentz. Le comte Jean-George introduisit la Réforme dans toute la seigneurie, et fonda à la Petite-Pierre une école latine, dont les professeurs devaient en même temps évangéliser les localités voisines. Thomas Culsanner et Joseph Ketzer furent les premiers ministres de la paroisse protestante, érigée en 1554. Le curé de Lutzelstein ayant apostasié, devint en 1543, vicaire de Zell à la cathédrale.

— MERTZWEILER, village de la seigneurie et du bailliage d'Oberbronn, fut desservi en 1568 par le pasteur de Mietesheim. En 968 l'empereur Othon donna à son épouse Adélaïde l'église de *Morezunwilare*.

— MINWERSHEIM, appelé dans les Trad. Wis. 711, *Munifredouilla*, était un village impérial. — Alteckendorf et Oberaltorf du comte de Hanau, sous le bailliage de Pfaffenhoffen furent érigés en paroisse protestante dès l'année 1546.

— MOMMENHEIN était un village de la Préfecture de Haguenau, dans lequel l'abbaye de Schwartzach possédait des biens, les trois quarts des dîmes, et le patronage de l'église. — Celle-ci dépendait primitivement de Schwindratzheim, ainsi que le rapporte un titre confirmatif des biens de Schwartzach, du XIIe siècle : « *Curiam in Schwinderatesheim cum appendiciis et basilica cum una capella in Mummenheim.* » — L'annexe de Waltenheim était au XIVe siècle une cure à la collation du chapitre de Neuwiller. Ancien fief de l'archevêché de Mayence, ce village parvint aux comtes de Hanau qui le réformèrent. En 1681 les catholiques prirent de nouveau possession du chœur de l'église. — Schwindratzheim formait avant la Réforme une paroisse dédiée aux apôtres S. Pierre et S. Paul, dont le patronage appartenait à l'abbaye de Schwartzach. Celle-ci y possédait aussi une cour colongère; et c'est pour avoir pris injustement cette cour que Simon comte de Sarrebrück fut excommunié en 1152 par le pape Eugène III :

censure dont il fut relevé en la même année par Gunther, évêque de Spire, — restitution faite. Schwindratzheim était jadis renommé pour le bon pain qu'on y faisait ; j'ignore si ses boulangers actuels valent encore ceux que l'empereur Frédéric Ier proposa comme modèles aux boulangers de Haguenau.

— Morsbronn, du bailliage de Wœrd, eut son premier ministre protestant en 1577 dans la personne de Conrad Krieger. — L'église de Hegeney date de l'année 1722. Par un décret de 1761, Hegeney fut détaché d'Eschbach, pour être annexé à Morsbronn.

— Morschweiler, *Moraswillari*, 771 Trad. Wis., était une cure régulière de l'abbaye de Neubourg. En 995, Othon III avait donné la chapelle de *Morcemwillare* à l'abbaye de Seltz.

— Neubourg doit son origine à la célèbre abbaye bernardine que nous visiterons en temps et lieu. Les églises paroissiales de Dauendorf, Rothbach, Oberhoffen, Ettendorf et Morschweiler étaient sous le patronage de l'abbaye de Neubourg. Pendant la Réforme, celle-ci administra à trois lieues à la ronde les paroisses privées de leurs curés ; et par la Réforme, elle perdit les églises de Rothbach et d'Oberhoffen.

— Neuweiler, *Novumwillare*, apparaît comme paroisse, dans un titre du XIIe siècle. On lit dans une bulle de l'antipape Victor III, de 1162, et citée par Grandidier : « *plebanus sive parochianus sacerdos ecclesie S. Adelphi vicarius abbatis omnia jura, quæ ecclesiæ S. Petri matrici ecclesiæ parochialis antiquitatus consuevit exhibere, exhibeat.* En 1228, l'évêque Berthold unit l'église paroissiale à l'église collégiale. Philippe de Hanau établit en

1562 le luthéranisme dans la nef de l'église de Saint-Adelphe, dont le chœur fut muré et resta aux catholiques. Conrad de Lautenbach fut le premier ministre protestant de Neuweiler.

— NIEDERBRONN, *Brunn ou Burne*, est très-ancien et remonte à l'époque gallo-romaine. Il justifie bien le nom qu'il porte : véritable fontaine intarissable, d'où jaillit le bien-être pour ses habitants et la santé pour une certaine classe de souffreteux. Niederbronn et Oberbronn n'apparaissent séparément que vers le XIVe siècle. Ils étaient au XVIe siècle deux chefs-lieux de bailliage de la seigneurie d'Oberbronn, qui par le mariage d'Amélie de Bitche échut aux comtes de Linange-Westerbourg. Ceux-ci implantèrent la Réforme dans la seigneurie. Il y avait à Niederbronn, avant la Réforme, un rectorat, un plébanat et un primissariat, et à Oberbronn un primissariat qui dépendait de la cure de Niederbronn. La chapelle et l'autel de la Vierge dans l'église paroissiale, furent consacrés en l'année 1447, le lendemain de la Trinité.

— PFAFFENHOFFEN, ancien fief de l'Empire, était sous les Hanau un chef-lieu de bailliage, formé des villages suivants : Pfaffenhoffen, Altorf, Eckendorf, Ober et Niedermodern, Schalckendorf, Schwindratzheim, Offweiler, Engweiler et Bischholtz. Le premier ministre protestant de Pfaffenhoffen fut en 1545 Pantaleo Blasius, qui devint le surintendant des églises luthériennes du comté, et qui en 1559 fut nommé au même titre à Heidelberg. — Zutzendorf, du bailliage de Weitersweiler, dans la baronnie de Fleckenstein, dépendait de Bettbur dont il était très-éloigné. Pour obvier à cet inconvénient, Gottfried, Abbé de Neuviller, y fonda vers la fin du XIII siècle une chapelle de prémissaire. La paroisse protestante de Zutzendorf fut établie en 1582. — Mulhausen est cité en 884 sous le nom de *Munilhuson*, parmi les possessions de l'abbaye de Honau. Ce village devint la propriété commune des Lichtenberg et de l'évêché de Strasbourg, dont les feudataires furent au XVIe siècle les Bock de Gerstheim et les Rothenbourg. — Uhrweiler était un fief de l'église de Metz, situé dans le bailliage d'Oberbronn ; et Niedermodern, appelé *Matra* dans un titre de 884 de l'abbaye de Honau, relevait de Pfaffenhoffen.

— Reichshoffen. La petite ville de Reichshoffen appartint à la maison de Lorraine. En 1232 le duc Mathieu l'inféoda *pro remedio animæ suæ* à l'église de Strasbourg, qui après quatre siècles de possession, la vendit à ses anciens propriétaires. Grâce à ce protectorat, Reichshoffen demeura fidèle à la Foi de ses pères. « Le curé de cette commune, seul prêtre qui restât dans la contrée, dirigeait et soutenait le petit nombre de catholiques qui se trouvaient dans les bourgs et les villages des environs, et il avait tous les ans la consolation de voir rentrer dans le giron de l'Église un certain nombre de familles protestantes du voisinage. » (*Vicomte de Bussière*). — Dans une charte de donation (995) de l'empereur Othon III à l'abbaye de Seltz, figure la chapelle de *Richeneshoven*. En 1213 Thiébaut, duc de Lorraine, confirma les biens et le patronage de l'église de Reichshoffen, que son père Frédéric II avait accordés à l'abbaye de Stürzelbronn. Ce droit de patronage appartint en dernier lieu aux Dietrich, devenus en 1761, par voie d'achat, les seigneurs de la ville de Reichshoffen. — La chapelle de Wolfershoffen ou de Wohlfartshoffen date du XIIIe siècle; elle est un lieu de pèlerinage de la sainte Vierge.

— Le curé de Rumersheim desservait les catholiques de six villages. — Reitweiler était, avec son annexe Gimbrett, du bailliage de Bouxwiller, et eut un pasteur en 1546. L'abbaye de Neuwiller possédait en 1178 à *Rouldebé* le patronage, la dîme et une cour.

— BERSTETT est cité en 884 dans la charte de Charles-le-Gros à l'abbaye de Honau, sous le nom de *Bardestat*. Les abbayes de Seltz, de Moyenmoutier, de Sindelsberg et l'hôpital de Strasbourg avaient des biens dans ce village. Berstett était avant la Réforme, qui y fut établie en 1572 par Adam de Berstett, un rectorat uni en 1405 au chapitre de Saint-Pierre-le-Vieux. Celui-ci continua de nommer le ministre protestant.

— SCHWEIGHAUSEN, la mère-église de Saint-George de Haguenau, fut donné en 968 par Othon à son épouse Adelaïde. C'est ainsi que Seltz, abbaye et collégiale, en devint le collateur et plus tard le Réformateur. Le chœur fut rendu aux catholiques en 1715.

— VENDENHEIM, ancien rectorat avec primissariat, fut protestantisé en 1531 par le seigneur de Wurmser. Les seigneurs de Berstett et d'Eckwersheim en firent autant à Olwisheim. Le simultaneum fut établi en 1717 dans les églises de ces deux villages. — Lampertheim était un village appartenant au grand-chapitre de Strasbourg; il formait une des quatres prévôtés dont les titulaires, appelés *Mensurnarii*, étaient chargés de l'entretien de la table du réfectoire. Il y avait avant la Réforme un rectorat uni au grand-chapitre, un vicariat perpétuel avec un primissariat. Le village fut évangélisé dès les premières années de la Réforme par Jean Seitz, prêtre apostat qui avait pris femme et qui était secrètement protégé par le grand-doyen Sigismond Hohenlohe. En 1584 les chanoines protestants s'emparèrent de la moitié de Lampertheim qu'ils conservèrent jusqu'à ce qu'en 1687, les canonicats protestants ayant été supprimés, le conseil souverain d'Alsace rétablit le grand-chapitre dans ses anciens droits. Les catholiques reprirent possession du chœur en 1738.

— Eckwersheim protestantisé par son seigneur local devint en 1568 une paroisse évangélique.

— Uhlweiler et Nieder-Altorf parvinrent en 1337 à l'abbaye de Neubourg qui en demeura le seigneur territorial.

— Ohlungen, *Alungas*, — Uhrweiler, *Urenwilari*, — Wahlenheim, *Walahom*, — sont d'anciens villages dont les noms figurent dans les *Trad. Wis.*

— Walbourg, Durrenbach et Laubach appartenaient à l'abbaye bénédictine de Walbourg. Celle-ci fut incorporée en 1546 à la prévôté de Wissembourg ; mais en 1684 le conseil souverain ayant annulé cette incorporation, les revenus de l'ancienne abbaye, donc aussi les sus-dits villages, furent affectés par lettres-patentes du cardinal Furstenberg au Séminaire épiscopal de Strasbourg.

— Weitersweiler était un chef-lieu de bailliage de la seigneurie des Fleckenstein-Dagstul. La paroisse protestante y fut établie en 1546, et le simultaneum en 1717.

— Wilwisheim était une cure-rectorat. Dans le nombre

de ses titulaires, Grandidier désigne Conrad Rotenhusen qui en 1463 bâtit l'église, et Jean Pierre Simonis qui fut curé pendant 45 ans et mourut en 1779. Il fit peindre sur les murs de l'église la scène de l'agonie de Notre Seigneur.

— Wingen, de la prévôté de Lohr et du comté de la Petite-Pierre, était avant la Réforme un rectorat. En 1748 eut lieu l'érection de la cure royale, et en la même année le chœur de l'église fut rendu aux catholiques.

— Wingersheim, d'abord annexe de Hohatzenheim, fut érigé en cure en 1587.

— Wittersheim, appelé *Wittreshusi* (742) dans une charte de l'abbaye de Wissembourg, avait autrefois un rectorat, un plébanat et une prémissairie. En 995, l'empereur Othon cède la chapelle in *Witheresesheim* à l'abbaye de Seltz. — Geboltzheim possédait, avant la Réforme, un curé-recteur avec une église placée sous l'invocation de Ste Pétronille. De ce rectorat, nous ne trouvons plus, dans notre statistique, même trace d'une chapelle.

— Wœrth, capitale du Wasgau, était au XVIe siècle un chef-lieu de bailliage du comté de Hanau, comprenant les villages suivants : Griesbach, Oberdorf, Sparsbach, Morsbronn, Görsdorf, Preuschdorf, Lampertsloch, Mitschdorf, Dieffenbach, Oberdorf */*, et les censes de Lindel, Pfaffenbronn et Wengenbach.—Avant la Réforme il y avait à Wœrth un rectorat avec primissariat dont jouissait l'abbaye de Stürzelbronn. Thomas Culsanner fut en 1571 le premier ministre évangélique de Wœrth, et les catholiques eurent de nouveau un curé en 1698. C'est à Wœrth même, dont il était bailli, que Bernard

Hertzog rédigea son *Edelsasser Cronick*. — Frœschweiler et Langensultzbach, Eselshausen, Nehweiler, Linienhausen et Jægerthal formaient la seigneurie de Schœneck que possédait au XVI⁶ siècle le chevalier Cuno Eckbrecht de Dürckheim. « Celui-ci, dit le vicomte de Bussière, apostasia publiquement en 1552, et protégé par le voisinage du Palatinat et des comtes de Hanau, il obligea les communes de sa seigneurie à faire comme lui. »

CAPITULUM SUPERIUS HAGENOENSE.

Hujus Capituli Archipresbyter est Petrus Molitor Rector in Minversheim.

Haguenau.	Hüttendorf.	Mommenheim.
Minwersheim.	Morschweyler.	Wingersheim.
Eschbach.	Ettendorf.	Rumersheim.
Gunstett.	Wilwisheim.	Schæffolsheim.
Dürrenbach.	Hochfelden.	Reichshoffen.
Uhlweyler.	Berstheim.	

In hoc inferiori et superiori Hagenoensi defecerunt Parochiales, et filiales Ecclesiæ circiter 80.

VI.

ARCHIPRÊTRÉ DE MARCKOLSHEIM.

Archiprêtre : Kimich, ci-devant curé d'Ohnenheim, 1788 : Branhueber, curé de Hessenheim.

Artzenheim. — Ég. p. de *S. Jacques-le-Majeur*. Collateur : le duc de Deux-Ponts, et de Berckheim. Curé : Melsheim, 1788 Reinbold.

Baltersheim. — Ég. de S. Michel,

Künheim. — Yechtingen, une partie.

Botzheim. — Ég. p. de *S. Blaise*. Coll. : l'abbé de Munster. Curé : Schmitt.

Elsenheim. — Ég. p. de *S. Jacques-le-Majeur*. Coll. : le grand-camérier de Strasb. Curé : Zœpfel.

Grusenheim. — Ég. p. de la *Croix*. Coll. : le pr. év. de Strasb. Curé : Fuchs, 1785 André.

Jebsheim.

Hessenheim. — Ég. p. de *S. Laurent*. Coll. : l'abbe de Munster. Curé : Brandhueber.

Mackenheim. — Ég. p. de *S. Étienne*. Coll. : les dames de la Visitation de Strasbourg. Curé : Billig. — Ch. de la B. V. Marie.

Marckolsheim. — Ég. p. de *S. George*. Coll. : le pr. év. de Strasb. Curé : Stumpf, 1790 Giss. — Primissariat dans l'ég. par. — Ch. de la B. V. Marie. — Ch. de S. Grégoire.

Mauchenheim (dét.)

Muntzenheim † R. — Ég. de *S. Urbain*. Coll. : le pr. év. de Strasb. Curé : Broly.

Forstweyer †. — Ég. de S. Laurent.

Ohnenheim. — Ég. p. de *S. Grégoire*. Coll. : le pr. év. de Strasb. Curé : Kimich, 1784 Wertz, 1788 Mittelberger.

Heidolshein. — Ég. de S. Sigismond

Wiedensohl. — Ég. p. de *S. Nicolas* Coll. : l'abbé de Pairis, Curé : Brobeque.

Urschenheim. — Ég de S. George.

Dürrenentzen †. — Ég. de S. Blaise.

Lautenbach. — Ég. p. de *S. Jean-Baptiste*. Coll. : le chapitre de Lautenbach. Curé : Meisterzheim. — Ég. collég. de S. Michel et de S. Gangulphe. — Ch. de S. Jacques.

Linthal. — Ch. de Ste Marie-Madeleine.

Schweighausen. — Ch. de S. Gangulphe.

St.-Marc, près Rouffach. — Ég. de *S. Marc*. Coll. : l'abbé d'Ebermünster. Le curé est régulier : Le P. Cel. Hurst, 1781 P. Kaltner, 1782, P. Steckinger 1788, P. Fels.

Il y avait, dans le chapitre rural de Marckolsheim : 12 paroisses, 18 églises, 8 chapelles, 3 églises mixtes, 4 paroisses protestantes, 3 temples et 2 synagogues.

Ont été érigées en paroisses les églises d'Urschenheim en 1803, et de Heidolsheim en 1840.

Familles cath. 943, — prot. 137, — calv. 4, — isr. 35.

Lautenbach. — Collégiale, 8 chanoines et 4 vicaires ;
Prévôt : Toussaint Duvernin, évêque d'Arath.

Marckolsheim. — Hospice.

Saint-Marc. — Prévôté de l'ordre de S. Benoît.

VARIA.

— Artzenheim. Des titres des années 824, 1051 et 1094, nous apprennent que les abbayes d'Ebersmünster, de Hohenburg et de Sainte-Croix possédaient des biens dans *Arcenheim*. — Baltzenheim était avant la Réforme un plébanat à la collation du grand-chapitre de Bâle. L'église de Saint-Dié possédait au XIe et XIIe siècle une manse à *Baldatsheim* et trois manses à *Chonehim* ou Kuenheim. Ste Odile céda dans ce dernier village à l'abbé d'Ebermünster cinq manses avec une terre salique. La chapelle de *Cuannehi* figure en 1152 parmi les biens du monastère de Saint-Alban de Bâle. Kuenheim appartenait primitivement au comte de Horbourg et fut inféodé aux Rathsamhausen d'Ehenweier, qui y établirent en 1576 un ministre évangélique. — Pendant la guerre des Suédois le village et l'église furent entièrement pillés et en 1770 l'ancien Kuenheim fut englouti dans le Rhin.

— BOTZHEIM est appelé *Buezensheim* en 708 dans le Testament de Ste Odile, *Botesheim* en 1031 dans un titre d'Ebersmünster, lequel constate que Bertha de Gries donna « *unum talentum ad cooperiendam ecclesiam S. Mauritii martiris sitam in villa Botesheim.* » En 1083, Burchard évêque de Bâle abandonna l'église de Bozinsheim à Saint-Alban. C'est en qualité de fief de cette dernière église que les Rathsamhausen possédèrent ce village.

— GRUSSENHEIM. Il est fait mention de *Grosinhaim*, *Grucinheim*, *Grutsinhaim*, dans des chartes de Murbach 735, de Saint-Denis 777, de Saint-Dié 1114, de Marbach 1212. L'abbaye d'Ebersmünster y possédait une cour dominicale avec terre salique et les dîmes, l'église et la dîme du ban. Le pape Boniface IX unit en 1402 la cure de Grussenheim à l'abbaye d'Ebersmünster, à laquelle elle resta incorporée jusqu'en

1749, année de sa sécularisation. — Jebsheim, *Jebinesheim*, appartenait en 896 à l'abbaye de Munster. Ce village était primitivement du comté de Horbourg et possédait avant la Réforme un rectorat, un plébanat et une prémissairie. Les seigneurs Jacques et Wolfgang de Bergheim y introduisirent le protestantisme. Les premiers ministres évangéliques furent Jean Kleinclavel et Jean Ulsteter. Après eux vint Jean Cellarius qui le premier prêcha la réforme à Colmar. A ce sujet, voici la note que rapporte Grandidier et qui est extraite du registre paroissial de Jebsheim. « *Steht verzeichnet, dass anno 1575,* dominica Exaudi, *den 15. Maii, auf ansuchen der Herrn des Magistrats von Colmar, der damalige Pfarrer zu Jebsheim, Johannes Cellarius, die erste evangelische Predigt zu gedachtem Colmar in der Barrfüsser nun Spitalkirche gehalten habe, als Herr Michel Buob, Obermeister, Herr Hans Goll, Schultheiss, und Herr Andreas Sandherr, Gerichtschreiber waren.* »

In margine steht : Einführung der evangelischen Religion in die Stadt Colmar, daher sie singen : das Heil kommt uns von Jebsheim her.

— MARCKOLSHEIM fut détaché de la Vogtey de Bernstein pour devenir le chef-lieu d'une préfecture particulière. L'évêque Conrad de Lichtenberg acquit cette petite ville en 1294 de Rodolphe de Habsbourg. L'évêque Berthold y construisit un château, et l'évêque Robert de Bavière fonda l'hôpital, auquel fut joint un primissariat et une maison pour les pauvres voyageurs.

MUNTZENHEIM qui figure en 673 sous le nom de *Monesensishaim*, parmi les biens de l'abbaye de Munster, était un village du comté de Horbourg appartenant au duc de Wurtemberg. Le protestantisme y fut établi en 1562, et en 1687 les catholiques reprirent possession du chœur de l'église. En cette même année le *simultaneum* fut introduit dans l'église de Forschwyr qui était alors une annexe de Bischwyr.

— Ohnenheim. Le roi Childéric II donna en 673, *Abbati S. Gregorii homines illos qui commanent in Ohnenheim*. Zwentibold, roi de Lorraine, confirma la même abbaye du Val de Saint-Grégoire dans la possession de *Honenheim*. Le rectorat d'Ohnenheim fut uni en 1446 à l'abbaye de Munster. Et en 1660 les anabaptistes d'Alsace tinrent leur assemblée générale dans ce village.

— Wiedensol appartenait à l'abbaye de Pairis, Urschenheim à l'évêché de Strasbourg, Durrenentzen au comté de Horbourg. Cela explique pourquoi tel village est devenu protestant, tandis que tel autre village voisin est resté catholique.

Les églises de Lautenbach et de Saint-Marc, quoique situées dans le diocèse de Bâle, relevaient cependant de la juridiction de l'évêque de Strasbourg. Nous aurons occasion d'y revenir.

CAPITULUM MARCKOLTZHEMENSE.

Hujus Archipresbyter est Nicolaus Magnus sacro sanctæ Theologiæ Doctor pronunc Rector in Elsenheim.

Marckolsheim.	Baltzenheim.	Mackenheim.
Ursenheim,	Wiedensohl.	Artolsheim.
Grusenheim.	Elsenheim.	Hessenheim.
Artzenheim.	Ohnenheim.	Botzenheim.

In hoc Capitulo ab Orthodoxa Religione defecerunt ad Lutheranam Hæresin tres Parochiales.

VII.

ARCHIPRÊTRÉ DE MOLSHEIM.

Archiprêtre : Hitzelberger, curé de Sultz.

Achenheim. — Ég. p. de *S. George.* Collateur : le seigneur de Wangen de Haguenau. Curé : Sættler.

Hangenbietenheim †. — Ég. de S. Brice.

Breuwickersheim. — Chapelle domestique.

Avolsheim, vic. perp. — Ch. de S. Udalric.

Dompeter, dét. — Ég. p. de *S. Pierre.* Coll. : le magistrat de Molsheim. Curé : Gangloff, curé de Molsheim. Person, v. p.

Bergbietenheim. — Ég. p. de *S. Laurent.* Coll. : le chapitre de Saverne. Curé : Schaumas, 1785 Richard.

Flexburg. — Ég. de S. Hippolyte.

Dahlenheim. — Ég. p. de *S. Blaise.* Coll. : le prévôt de Haselach. Curé : Saintlo.

Scharrachbergen †. — Ég. de S. Jean-Baptiste.

Dangolsheim. — Ég. p. de *S. Pancrace.* Coll. : l'abbé de Schwartzach. Curé : le P. Edmond Huck, 1790 le P. Pierre Schmaltz.

Irmstett. — Ég. de S. Udalric ou Ulric.

Dinsen. — Ég. p. de *SS. Simon et Jude.* Coll. : le prince de Rohan-Soubise. Curé : Payen.

Ergersheim, vic. perp. — Ég. p. de *S. Nicolas.* Coll. : le pr. év. de Strasb. Curé : Fingado, curé de Dachstein ; Oberhauser, v. p.

Rimlenheim, dét. — Ch. de S. Michel.

Altbrenn, dét. — Ch. de la B. V. Marie.

Ernolsheim. — Ég. p. de *SS. Cosme et Damien.* Coll. :

le prévôt de Haselach. Curé Vogelweid, 1788 Liebermann. — Ch. de la B. V. Marie.

Kolbsheim †. — Ég. de S. Léger.

Brüschwald. — Ch. domestique.

Haselach (Nieder). — Ég. p. de *S. Florent*. Coll. : le chapitre de Haselach. Curé : Haltinger.

Oberhaselach. — Ég. de S. Arbogaste. — Ch. de S. Florent.

Urmatt. — Ég. de la Croix.

Gensburg et Münchhoff.

Heiligenberg, vic. rés. — Ég. de *S. Vincent*. Coll. : le pr. év. de Strasb. Curé : Straubhar, curé à Still ; Widenlœcher, v. r.

Kirchheim. — Ég. p. de la *Ste Trinité*. Coll. : le chapitre de Haselach. Curé : Dreyer.

Odratzheim. — Ég. de Ste Marguerite. — Ch. de la B. V. Marie.

Marlenheim. — Ég. p. de *Ste Richarde*. Coll. : le chapitre de Haselach. Curé Meng. — Chapellenie perp. — Ch. de la Croix.

Molsheim. — Ég. p. de *S. George*. Coll. : le pr. év. de Strasb. Curé : Gangloff. — Primissariat. — Ég. du coll. épis. — Ég. des Chartreux. — Ég. des Capucins. — Ch. de S. Michel. — Ch. de l'hospice. — Ch. de S. Joseph. — Chapelle dite Gutleuten.

Mutzig. — Ég. p. de *S. Maurice*. Coll. : le prince de Rohan-Soubise. Curé : Grau. — Ch. de S. Jacques. — Ch. de S. Vendelin.

Hermolsheim. — Ég. des Récollets.

Osthoffen. — Ég. p. de *S. Jacques-le-Majeur*. Coll. : le chapitre de Haselach. Curé : Rieffel. — Ch. dom. au château.

Ittenheim †. — Ég. de S. Gall.

Handschuheim. — Ch. de S. Michel (dét.) avec chapellenie.

Furtenheim. — Hurdigheim.

Schæffolsheim. — Ég. p. de *S. Udalric*. Coll. : le grand-chœur de Strasb. Curé : Meyer.

Still. — Ég. p. de *S. Mathias.* Coll. : le chapitre de Haselach. Curé : Straubhar. — Ch. de la B. V. Marie.

Sultz. — Ég. p. de *S. Maurice.* Coll. : le prévôt de Haselach. Curé : Hitzelberger. — Ch. de S. Amand, aux Bains.

Biblenheim. — Ég. de S. Marc, autrefois ég. par.

Wangen † R. — Ég. p. de *S. Étienne.* Coll. : le pr. év. de Strasb. Curé : Schaal. — Ch. de la Croix.

Schanlitt, dét.

Trænheim †. — Ég. de SS. Pierre et Paul.

Westhoffen † R. — Ég. p. de *S. Martin.* Coll. : le pr. év. de Strasb. Curé : Riegel.

Balbronn †. — Ég. de Ste Catherine.

Linzingen, dét.

Wiche. — Ég. p. de *S. Michel.* Coll. : le prévôt de Haselach. Curé : Masson. — Ch. de S. Antoine eremite.

Lutzelhausen. — Ég. de S. Urbain, *olim* paroissiale.

Netzenbach. — Hersbach.

Wolxheim. — Ég. p. de *S. Étienne.* Coll. : le pr. év. de Strasb. Curé : Kirchhoffer. — Ch. dite Armuth-capelle. — Ch. de S. Denis.

Wolfisheim † R. — Ég. p. de *S. Pierre.* Coll. : le pr. év. de Strasb. Curé : Weisroch, 1783 Herrenberger.

Eckbolsheim †. — Ég. de S. Cyprien.

Nous comptons dans l'archiprêtré de Molsheim : 23 paroisses, 41 églises, 24 chapelles, 11 églises mixtes, 11 paroisses luthériennes, 1 paroisse réformée et 6 synagogues.

— Annexes élevées au rang de paroisses :

Dahlen, Flexbourg, Lutzelhouse, Oberhaselach, Odratzheim, Urmatt en 1803 ; Irmstett et Hersbach.

Familles catholiques 2969, — protestantes 1261, — calvinistes 23, — israélites 184.

Haselach. — Collégiale, 10 chanoines ; *Prévôt* : Jacques Charles Paul.

Molsheim. — Couvent des capucins, 20 rel. ; *Gardien* : le P. Janvier. — Couvent de Chartreux ; *Prieur* :

Damas Beck. — Collége épiscopal, autrefois collége de Jésuites; *Principal* : Muller. — Hôpital.

Mutzig. — Couvent de 20 récollets à Hermolsheim; *Gardien* : le P. Bernard Oberhauser.

Olim. Flexbourg. — Petit couvent des capucins. — Les chartreux de Wolfisheim et les dominicaines d'Eckbolsheim, transférés à Strasbourg.

VARIA.

— Achenheim, *Hachinhaim* en 735, possédait avant la Réforme un primissariat et une chapellenie : son rectorat avait été uni au chapitre de Saint-Thomas. Au synode de 1533, Achenheim figure parmi les communes évangéliques, mais un siècle après, le village était redevenu entièrement catholique. — Hangenbieten faisait partie du bailliage de Wolfisheim et du comté de Hanau. La paroisse protestante y fut érigée en 1570 et le simultaneum en 1743. — Breuschwickersheim, appelé *Wigfrisdashaim* en 788 dans un titre de l'abbaye de Fulde, était autrefois un rectorat dépendant de l'archiprêtré de Saint-Laurent et uni au grand-chapitre de la cathédrale de Strasbourg qui en nommait le pléban. Les Sturm y installèrent un ministre en 1546.

— Avolsheim. Au rapport de la tradition, l'église dite *Dompeter* aurait été fondée par S. Materne et serait par son antiquité la seconde église chrétienne d'Alsace. Les chapellenies de la sainte Vierge et de Ste Marie-Madeleine de l'église de Dompeter, ainsi que la chapellenie de Saint-Ulric, furent unies à la prémissairie de Molsheim. En 1771, il fut érigé dans la chapelle de S. Ulric une confrérie du Saint-Sacrement.

— Bergbieten, appelé *Boletesheim* en 1120 dans un titre de Marmoutier, *Bütenheim* en 1254, *Bergbütenheim* en 1336, était autrefois une petite ville avec un château, appartenant à l'évêque de Strasbourg. Les landgraves le possédaient en fief et le sous-inféodèrent en 1336 aux Hohenstein, desquels le grand-chapitre le racheta en 1515, moyennant 2500 florins. La cure fut unie en 1480, par Albert de Bavière à l'église de Saverne, qui en conserva le patronage jusqu'à la révolution. Il y avait à Bergbieten un vicariat dont le bénéficier était chargé de desservir Flexbourg. Ce village était également un fief de l'église de Strasbourg, possédé par les landgraves et les Landsperg; il parvint par moitié à la ville de Strasbourg et fut placé dans le bailliage de Wasselonne. L'église de Flexbourg est un lieu de pèlerinage très-fréquenté en l'honneur de S. Hippolyte, martyr.

— Dahlenheim figure en 884 dans le diplôme que Charles-le-Gros concéda en faveur de l'abbaye de Honau. Le droit de patronage, qui appartenait au chapitre de Haselach, fut en 1221 un sujet de litige entre Albert, prévôt du chapitre, et Merboton de Malberg. Une commission composée du doyen et du chantre du grand-chapitre de Strasbourg, de l'abbé de Marmoutier et du prieur de Steigen, se prononça en faveur du prévôt de Haselach. — Scharrachbergheim, de la seigneurie des Ochsenstein, fut inféodé en 1228 à Bernard de Scharrach. En 1462, un seigneur de Dettlingen épousa la fille de Jean de Scharrach. C'est par cette voie que le village parvint aux Dettlingen, qui le conservèrent jusqu'à la grande révolution et qui y établirent la Réforme dès l'année 1538. A la fin du siècle dernier, une branche des Dettlingen se convertit à la Foi catholique. Le curé de Behlenheim desservit Scharrachbergheim jusqu'en 1828; depuis lors, c'est le curé d'Odratzheim.

— Dangolsheim était un village impérial qui jouit d'une haute antiquité. Le comte Ruthard et son épouse Hyrminsinde donnèrent en 758 le village de *Danckratzheim* à l'abbaye de Schwartzach. Celle-ci se maintint jusqu'à la grande révolution en possession des dîmes et du patronage de la cure. L'abbaye de Königsbrück y possédait aussi une colonge. Danckratzheim est évidemment une corruption du mot Pancratzheim; — de S. Pancrace, patron du lieu.

— Irmstett tient-il son nom d'Irmina, la fille de Dagobert II qui avait un palais à Kirchheim, ou d'Hyrminsinde, épouse du comte Ruthard à qui appartenait le village voisin de Dangolsheim, ou d'Irminius (Herrmann), divinité guerrière dont le culte était très-répandu dans la Germanie? Aux amateurs de résoudre cette question. Toujours est-il que ce petit village est très-ancien; après avoir appartenu aux Ramstein, il parvint aux Rathsamhausen. Protestantisé dès l'année 1518, il était rentré au commencement du siècle dernier dans le giron de l'Église catholique.

Dinsen ou Dinsheim était un village épiscopal du bailliage de Mutzig, dont la cure avait été unie en 1493 au chapitre de Haselach, lequel y possédait des biens dès le XIIe siècle, ainsi que le rapporte une bulle du pape Luce, de 1182. Bruno, prévôt de Haselach, est-il dit dans cette bulle, fit don à son église d'un moulin avec dépendances, située *in villa Tugenesin*; et un noble de Cunze, légua à la même église un bien situé dans le dit village, à condition que son fils, chanoine de Haselach, resterait durant sa vie en jouissance de ce bien, et qu'au jour anniversaire de la mort du père, le chapitre distribuerait aux pauvres 12 pains, un seau de vin et 12 deniers. — Il existe dans ce village une chapelle de la Vierge, bâtie, dit-on, sur l'emplacement d'un couvent du VIIe siècle ; la maison située près des *Frauen-Matten* présente dans son ancienneté et sa construction les traces d'un béguinage.

— ERGERSHEIM fut desservi par le recteur de Dachstein jusqu'à ce qu'en 1698, il fut érigé en vicariat perpétuel sous le chapitre rural de Molsheim. L'évêque Richewin donna au chapitre de Saint-Thomas *in marcha Argeresheim quicquid viniferi frugiferique ruris situm est*. L'abbaye d'Altorf et l'hôpital de Strasbourg y possédaient aussi des biens. — Altbronn appartint en 788 à l'abbaye de Fulde, et l'évêque Guillaume Ier donna au couvent d'Eschau 2 manses et 6 arpents de vignes, situés dans *Alburnen*. Il ne reste plus de cet ancien village qu'une chapelle dédiée à la Vierge ; Guillaume de Diest la restaura en 1397, et Jean de Marderscheidt en incorpora les revenus en 1590 au collège de Molsheim.

— ERNOLSHEIM, appelé *Hernoldesheim* en 1182 dans la bulle précitée, parvint en 1286 à l'évêché, moyennant 240 marcs d'argent. En 1498, l'évêque Albert céda les revenus de la cure au chapitre de Haselach, dont le prévôt exerçait le droit de patronage. Ernolsheim réveille en nous le souvenir de son grand curé des jours de la Terreur, B. Liebermann, le confesseur de la foi, le prisonnier de Sainte-Pélagie, le supérieur du séminaire de Mayence, le vicaire-général de notre diocèse, l'auteur des « *Institutiones theologiæ*, » celui auquel, dans notre cours de théologie, on se plaisait à donner le nom de « *Dux noster*. » — Kolbsheim, Colobocishaim en 736 dans la charte précaire de Hildefrid, était une terre allodiale avec deux châteaux, appartenant à la famille noble qui avait pris le nom du village et qui s'éteignit vers la fin du XVe siècle. Cet endroit fut amené au protestantisme par les Böcklin, et la paroisse évangélique y fut érigée en 1567.

— Haselach. Nous voici au cœur de la vallée de la Bruche. Le murmure de la Hasel nous invite à nous détourner de la grand'route pour suivre la côte, derrière laquelle s'élève le *Münster de Strasbourg en petit*. Mais comme nous nous proposons de faire plus tard le pèlerinage de S. Florent, à qui les deux Haselach doivent leur origine, contentons-nous de rappeler, en cheminant vers Urmatt, que Haselach, appelé Avellanum au XIIe siècle, possédait un château et une cour seigneuriale appartenant à l'évêque de Strasbourg. Celui-ci, chaque fois qu'il faisait avec l'empereur le voyage par-delà les monts, avait le droit de prélever dans Haselach un char attelé de sept bœufs. — La chapelle d'Oberhaselach, le premier ermitage de S. Florent, fut bâtie en 1315 et restaurée à deux reprises au siècle dernier. — Haselach, abbaye et chapitre, desservit pendant plusieurs siècles les villages de Lutzelhausen, Urmatt, Heiligenberg, Still et Dinsheim. — Aux alentours de Haselach, le Ringelstein, le Hohenstein, le Gensburg, le Nideck attirent le touriste qui, suivant le précepte du poète, joignant l'utile à l'agréable, aime à évoquer au milieu

de la belle nature les hommes et les choses d'autrefois.
— Urmatt est appelé *casa Rummaldi* (?) dans le diplôme de Charlemagne à l'évêque Heddon. En 810 Beatus, abbé de Honau, fit don à son couvent de l'église de *Hurmusa*, et en 1182 le pape Luce III confirma au chapitre de Haselach les dîmes de *Hurmaten in Brussetal*. Il y avait à Urmatt des religieuses dominicaines qui s'installèrent à Obersteigen dans la maison des frères augustins transférés à Saverne. — Le Münchhof était une propriété des bernardins de Neubourg que l'évêque Guillaume de Honstein acquit moyennant 700 florins. — Entre Urmatt et le Katzenberg existait le hameau de Walterspach, où l'on peut encore voir les vestiges d'une église et d'un cimetière : de même au Gensburg, près de la chapelle bâtie par M. Nœtinger, trouve-t-on les restes d'une ancienne chapelle qui remonte au XIIIe siècle.

— Heiligenberg. Nous voici au sommet du mont sacré, primitivement le mont païen, qui, en place de son castel seigneurial, montre aux villages environnants sa nouvelle et gracieuse église gothique. Ce très-ancien village, que le curé Kuntz a illustré en signalant aux amateurs les vestiges intéressants de poterie romaine et de fours à potier, figure, d'après Grandidier, sous le nom d'*Arlegisberg* dans le diplôme mentionné plus haut. Heiligenberg possédait une ancienne chapelle, à laquelle on ne saurait assigner avec fondement une origine romaine ; cette chapelle fut démolie, à l'exception de la tour, en 1759. Conrad de Lichtenberg y avait fondé au XIIIe siècle une prébende qu'il unit au chapitre de Haselach. Annexe de Still, elle fut détachée en 1772 de sa mère-église, et érigée par bulle de Clément XIV e[n] vicariat perpétuel. Heiligenberg était le siège du prévôt de la cour épiscopale de Haselach, dont l'advocatie appartenait aux seigneurs d'Ochsenstein : le village lui-même ne parvint à l'évêché qu'au XVIe siècle.

— KIRCHHEIM. Si la tradition dit vrai, Kirchheim doit son nom et son origine à une chapelle que le roi Childebert II, résidant à Marlenheim, aimait de visiter, et près de laquelle il échappa au complot que la cruelle Frédégonde avait tramé contre lui. C'est à cette époque que remonte le palais royal de Kirchheim, dans lequel nous rencontrons le roi Dagobert II et S. Florent, Louis-le-Débonnaire, captif de ses fils rebelles, Charles-le-Gros et Ste Richarde. Kirchheim était le chef-lieu du comté appelé *Pagus Troningorum ou Tronia*, dont les limites se sont parfois confondues avec celles du Nordgau. L'église de Kirchheim était paroisse d'Odratzheim, et même de Marlenheim où elle jouissait encore au dernier siècle de certains droits paroissiaux. — En 748, Hugues, fils de Bléon, donna à l'abbaye de Honau des biens situés *in marca Odratesheim*. Il y avait dans ce village, une léproserie dont les revenus furent unis en 1701 à l'hôpital de Molsheim.

— MARLENHEIM, *Marilegium* ou *Marley*, est une des plus anciennes résidences des rois francs. Nos annalistes nous signalent le séjour qu'y firent Childebert II et sa mère Brunehilde, Clotaire et la reine Bertrude, Lothaire et sa concubine Waldrade, ainsi que les autres rois résidant dans le palais voisin de Kirchheim. Sous la période germanique, la villa royale devint un château fort. Les abbayes de Marmoutier et d'Andlau avaient leur cour colongère à Marlenheim, et le chapitre de Haselach y possédait, depuis le temps de Dagobert, les dîmes et le droit de patronage. En 1503 la moitié de Marlenheim échut à la ville de Strasbourg et devint une seigneurie particulière, dont relevaient Kirchheim, Nordheim et Odratzheim. La Réforme essaya de pénétrer, sous le manteau sénatorial de Strasbourg, dans la petite ville de Marlenheim ; mais grâce à l'influence prépondérante du seigneur-évêque, elle ne put y jeter de sérieuses racines.

— Molsheim occupe une place intéressante dans l'histoire ecclésiastique de notre province. Glanons quelques épis dans son champ. *Mollesheim*, qui tient son nom d'un moulin, ne figure pas dans les chartes, avant le IXe siècle. La souveraineté temporelle de la ville échut à l'évêché en 1308, par un acte d'échange fait avec Henri VII, contre le village épiscopal de Mulhausen. Quant à la cure-rectorat, l'évêque en a de tout temps possédé le patronage. Ses revenus furent unis en 1321 à la manse épiscopale, et Jean XXII confirma en 1324 cette incorporation. L'année suivante l'évêque Jean Ier accorda la moitié des revenus de la cure au grand-chapitre, et l'autre moitié à l'hôpital qu'il avait fondé, qu'il dota de cinq prébendes sacerdotales, et dans lequel il fut inhumé en 1338. Cet hôpital devint plus tard le collége des jésuites. Le nouvel hospice remonte au XVIe siècle ; il reçut en patrimoine les revenus des anciennes maladreries de Molsheim, Gresswiller et Odratzheim, ainsi que ceux de la fondation Jenner. — Dompeter était encore en 1337 *ecclesia parochialis matrix capelle in Mollesheim*. Mais bientôt après la paroisse fut établie dans la chapelle ou église de Saint-George. Celle-ci fut pourvue d'un primissariat, qui en 1601 vit s'adjoindre les revenus des trois chapellenies de Dompeter. Le titulaire de ce primissariat était chargé de la desserte d'Avolsheim. De plus, il y avait dans l'église paroissiale six chapellenies, dont l'une dans la chapelle de la Ste Vierge, et les cinq autres sur les autels de S. Jean-Baptiste, de Tous-les-Saints, de S. Pierre et S. Paul, de S. Jacques et de S. Michel, enfin de S. Nicolas. Au commencement du XVIIe siècle, la modeste église paroissiale de Molsheim offrit un asile au grand-chapitre et au grand-chœur de Strasbourg et jouit ainsi des prérogatives de l'église-cathédrale. La ville de Molsheim avait à cette époque *un tout grand air*. Le prince-évêque et les grands-comtes, les fils de S. Ignace, tour-à-tour *chasseurs d'âmes* et savants professeurs d'Université, les austères chartreux et les populaires capucins, — tels étaient les éléments qui donnèrent à Molsheim une animation et un éclat qu'on chercherait en vain dans ses rues silencieuses d'aujourd'hui. Louis XIV y vint et y séjourna pendant quelques jours avec la reine et sa cour. La ville épiscopale connut aussi, il est vrai, le revers de la médaille. Elle eut à subir les funestes conséquences des guerres, l'incendie, le siége, le pillage. Elle vit l'insurrection des Rustauds prendre naissance dans son sein, et Erasme Gerber, un de ses enfants, se mettre à la tête des paysans révoltés. Elle vit dans son enceinte les troupes de la ligue protestante, les suédois, les veimariens, les impériaux..... Mais laissons ces souvenirs de sang et de carnage, et visitons *ex currendo* la chapelle de Saint-Joseph, bâtie en 1668 par Beda Heldt, abbé d'Altorf; la chapelle de Saint-Michel, sur le cimetière, que restaura en 1660 J. Reineri, prévôt de Saverne, et la chapelle dite *Guthleuthencapelle,* érigée en 1741 sur l'emplacement de l'ancienne léproserie. Enfin je veux encore indiquer *pro memoria* une maison de béguines, supprimée au XVe siècle; la confrérie de Notre-Dame, érigée dans l'église paroissiale en 1576; le *Pactum Marianum*, établi dans l'église du collége en 1638; la célèbre croix de Niedermünster qui a disparu on ne sait comment; et l'insigne relique de S. Materne. Nous terminons cette pérégrination historique par la visite à l'une des plus belles églises d'Alsace, celle des Jésuites, devenue depuis la Révolution la paroisse de Molsheim.

— MUTZIG.

« Nescio qua natale solum dulcedine cunctos
Ducit, et immemores non sinit esse sui. » (*Ovide*).

Ce charme ineffable qui captive l'âme et l'attache par des liens les plus doux au sol natal, n'appartient pas seulement au poëte. L'enfant de la campagne le connait aussi bien que l'habitant de la ville. L'un aime le clocher de son village et sa chaumière, autant que l'autre son église monumentale et sa maison somptueuse; et tandis que celui-ci montre avec orgueil les monuments qui illustrent la cité de ses aïeux et raconte de guerres fécondes et de siéges fameux, d'hommes célèbres et d'évènements mémorables, celui-là vous entretiendra des produits de la terre paternelle, ou, vous conduisant à la ruine féodale, il vous redira la légende du coin du feu et les traditions des ancêtres.

C'est sous l'empire de ce charme, que j'entre maintenant dans la riante vallée de la Bruche, qui tantôt encaissée, tantôt élargie, s'étend entre vertes collines et montagnes boisées depuis Mutzig jusqu'à Schirmeck, et depuis Schirmeck jusqu'à la naissance du plateau de Saales, où la Bruche elle-même prend sa source. « Cette belle vallée de la Bruche a été, pendant quelques siècles, le plus précieux joyau de la couronne féodale des anciens évêques de Strasbourg. Entre toutes leurs nombreuses possessions de la Haute et de la Basse-Alsace et de l'Ortenau, elle se montrait la plus compacte, la plus coquette à la fois et la plus forte, la mieux défendue par la nature et par l'art; couverte au levant, par le château et la ville de Mutzig, au couchant par le château et la ville de Schirmeck, au midi par une chaine de hautes montagnes et le château de Girbaden, au nord enfin, par des montagnes plus hautes encore et par les trois châteaux de Ringelstein, de Hohenstein et de Nideck [1]. »

A l'entrée de cette vallée, dont elle est la clef, se trouve la petite ville de Mutzig. Le curé Kuntz, dans une note manuscrite, suppose que *Muzzecke* tient son nom d'un fort ou château très-ancien, situé ainsi que celui de Schirmeck, à l'angle de la montagne, au canton dit *Saltzmann* ou *Rott*, où l'on a découvert un souterrain et d'où l'on a déterré quantité de briques. Cette supposition se rapproche de celle de M. Levrault, qui ne ferait point difficulté de placer une tour de garde romaine, un *castellum*, à l'entrée de la vallée et sur la voie romaine qui passait par Mutzig. Cependant il n'est pas fait mention de Mutzig dans les anciens titres avant le Xe siècle. L'évêque Richevin donna aux Frères de

---

1. Revue d'Alsace. L. Levrault, T. III.

Saint-Thomas *in Muzzecha marcha curtem unam cum vineis subjacentibus*, et l'évêque Ruthard légua en 940, aux mêmes Frères *in Muzzeca marca mansas quatuor pro remedio animæ suæ in annonam*. La charte confirmative des biens de l'église de Saint-Thomas, donnée en 1163 par l'empereur Frédéric, porte : *curiam in Muzecha cum agris, vineis et pratis*. En l'an 1158 Conrad, prévôt de Saint-Thomas, abandonna *in perpetuam hereditatem, VI agros in villa Muezuche sitos in loco qui dicitur Wolfgo-tesegerde*, à Hug Walion, Heinrich de *Muezuche* et à Cono de Wege, moyennant la troisième partie du vin qu'ils feront dans ces vignes. Dans un titre de 1188, par lequel Henri, évêque de Strasbourg, confirme la prébende fondée par Wolfhelm de Truchtersheim dans l'église de Haselach, il est dit que le seigneur *Junior scultetus in Muziche lapideam domum cum curti in villa Hasela, ut presbyter altaris in ea habitaret libere contradidit*. Enfin une bulle du pape Celestin, à la date de 1192, notifie que l'abbaye d'Altorf échangea sa cour de Sigolsheim contre les censes et biens qui appartenaient à l'abbaye d'Ebersmünster dans le ban de Mutzig.

Maintenant que nous avons fini avec les vieux titres, une question : Mutzig a-t-il fait partie dès le commencement du domaine épiscopal de la vallée ? Les chartes carolingiennes n'en disent mot et assignent Still comme limite de ce domaine. En 1223 l'empereur Frédéric considère Mutzig, comme *villa* impériale, et déclare s'en réserver l'advocatie ; mais en 1308 Henri VII échangea avec l'évêque la ville de Mutzig contre le village de Mulhausen, et depuis ce moment jusqu'à la Révolution, elle demeura sous la suzeraineté de l'évêque de Strasbourg. Ce domaine fut engagé en 1427, à Wirich de Hohenbourg et partiellement sous-engagé à la ville de Strasbourg, à Conrad de Bock, aux Wurmser; mais en 1478 l'évêque Albert l'inféoda entièrement à Jacques de Landsberg qui devint le chef de la branche des Landsberg, dite de Mutzig, dont le dernier rejeton mourut en 1714. Après l'extinction de cette famille le fief fit retour à l'évêché. — Mutzig porte déjà le titre d'*oppidum* en 1254 dans une charte du chapitre de Haselach. Rodolphe de Habsbourg l'éleva au rang de ville forte, et l'évêque Jean Ier fit reconstruire les murs et élever de fortes tours sur les portes de la ville. Le fossé ou *Stadtgraben*, le mur d'enceinte ou *Ringelsmür*, la porte de Strasbourg avec sa grosse tour appelée le *Hexenthurm*, tels sont aujourd'hui les restes de l'ancien *oppidum*. Le château-fort a été considérablement remanié et agrandi en 1674 par Egon de Fürstemberg, il devint un château de plaisance, et fut sous les Rohan « la digne succursale du fastueux palais de Saverne. » Depuis la Révolution il a subi une transformation plus radicale en faisant place à une des plus importantes manufactures d'armes à feu de France. La petite ville forte de Mutzig ne figure pas sans honneur dans les fastes militaires de la province. Elle était d'abord entrée avec Hermolsheim, Wege et Molsheim dans la ligue des strasbourgeois contre Walther de Géroldseck ; mais devenue vassale de l'évêque, elle se conduisit en féale sujette. Guerroyant pour son maître, elle se couvrit de gloire en repoussant victorieusement en 1416 et en 1421 les strasbourgeois qui étaient venus l'assiéger. Elle infligea de même un honteux échec aux Armagnacs et sut se maintenir contre les Rustauds et contre Mansfeld. Comme presque toutes les villes d'Alsace, Mutzig fut obligé d'ouvrir ses portes aux Suédois. Enfin en 1658 la petite place de guerre résista avec vaillance à un triple assaut essayé par les troupes lorraines. Aussi chrétiens que braves, les habitants de Mutzig, ne négligèrent pas d'implorer le secours d'en haut durant ces anxieuses journées de siége, dont le souvenir est perpétué par des actions de graces votives et annuelles. — Mutzig a donné son nom à plusieurs familles nobles : les Cuntzo, les Heintzmann, les Sürger, les Landsperg. Au dernier siècle, on y trouvait les maisons des Cleri, des Müllenheim, des Truchsess de Rheinfelden, des Zuchmantel, des Weitersheim. Mais il est temps de nous occuper de ce qui fait l'objet spécial de notre travail. L'église paroissiale de Mutzig dédiée à S. Maurice remonte au XIe siècle, et le chœur est du XIVe siècle. Malheureusement, depuis trop longtemps, l'espace y fait défaut à la population, et pour mes compatriotes la construction d'une église neuve est devenue une nécessité de premier ordre qu'il leur importe de faire cesser. Espérons aussi que le monument à ériger sera digne du passé de Mutzig et qu'il lui fera honneur dans les âges futurs ! — J'ai sous la main un beau parchemin : c'est un acte en forme de jugement, passé devant le prévôt, les colongers, les jurés et la communauté de Mutzig, par lequel un certain nombre de particuliers font donation de divers biens et rentes spécifiés, pour la fondation d'une prébende et la célébration d'une Messe quotidienne dans l'église paroissiale de la dite ville. L'acte est daté du mardi avant l'Assomption de la Vierge,

9 août de l'année 1300. Le patronage de la cure-rectorat de Mutzig appartenait en dernier lieu au prince de Rohan-Soubise. En sa qualité de collateur, il jouissait des 3/7 de la grande dîme de vin et avait à sa charge le chœur de l'église et la maison de cure. Parmi les titres fonciers, je trouve un renouvellement de bail de 1693 à 1700 par lequel les décimateurs engagent la grande et la petite dîme à la communauté de Mutzig, moyennant une redevance annuelle de 17 foudres de vin blanc et 4 foudres de vin rouge. En plus, 46 sacs de froment, d'orge, de seigle, d'avoine et 46 quintaux de foin. Pour la petite dîme, la communauté devait fournir 8 foudres et 16 mesures de vin blanc et 2 foudres de vin rouge. Il est stipulé dans ce bail que si la récolte vient à manquer partiellement, la livraison de vin ne se fera qu'au *pro-rata* de l'estimation. Le curé-recteur avait pour sa compétence 100 mesures de vin et 4 mesures de vin d'autel. — Il y avait autrefois à Mutzig un béguinage dans la rue Sainte-Barbe, un hôpital dans la ruelle qui en porte le nom, une léproserie près de la chapelle de Saint-Jacques, un cellier et une maîtrise des eaux-et-forêts de l'évêché. Au XVIIe siècle, il y fut fondé un hospice de quatre Pères Récollets sur la place dite encore aujourd'hui *Pater-Platz*. Ces religieux furent les auxiliaires du curé et l'aidèrent à desservir les églises des villages environnants. La guerre des Suédois avait laissé de nombreux vides dans les rangs du clergé; faute de prêtres, les églises de Dinsheim et de Gresswiller étaient alors annexées à celle de Mutzig. Le petit hospice que nous venons de mentionner, fut uni à la maison importante des Récollets de Hermolsheim. Ceux-ci firent en grande

partie, jusqu'à la révolution, le service paroissial ; et après la révolution, nous trouvons des survivants de ce couvent, des enfants de Mutzig, les Bernard Wagner et Modeste Meyer, travaillant à la réorganisation de la paroisse et de l'école et jetant les semences de cette riche pépinière de prêtres dont s'honore la petite ville de Mutzig. — Il nous reste à faire le pélerinage des chapelles. — Sur l'emplacement de l'ancien village de Wege détruit au XIVe siècle, subsiste la chapelle de Saint-Jacques, érigée en 1626 par la famille de Zuchmantel. Le bénéfice simple, uni à la cure de Mutzig, rapportait 2 sacs de froment et 2 sacs de seigle livrés par le village de Düppichheim, et imposait au curé-recteur l'obligation de dire annuellement 12 Messes dans la chapelle. — Celle de Saint-Vendelin, située entre Dinsheim et Mutzig, fût bâtie en 1566 par le seigneur de Landsperg. — A Hermolsheim, ancien village, qui au moyen-âge avait ses nobles et qui alors s'administrait lui-même, se trouve la chapelle dite *de Lorette* que fit construire en 1683 Gabriel Haug, évêque de Tripolis et suffragant de Strasbourg. — Enfin, sur la pente de la montagne de Hermolsheim, on voit la sainte Maisonnette ou *Heilig-Hiesel*. C'était primitivement une simple niche abritant la statue de Notre-Dame-des-Douleurs. Un bourgeois de Mutzig, Martin Wagner, guéri miraculeusement, embellit cette niche. Plus tard, un luthérien de Strasbourg, étant frappé de paralysie, se fit transporter sur la montagne auprès de l'image vénérée, où il recouvra l'usage de ses membres. En reconnaissance de cette faveur signalée, il fit élever l'oratoire actuel.

Si l'*alinéa* que je viens de consacrer à Mutzig, dépasse

les limites que je me suis imposées jusqu'à présent, le lecteur voudra bien se rappeler le vers d'Ovide et y trouver mon excuse.

— OSTHOFFEN. Nous avons déjà fait mention de ce village. Ses annexes : Ittenheim, *Utilinhaim* en 828 dans un acte d'échange entre l'abbaye de Schwarzach et le comte Erchangier ; Handschuheim et Hürtigheim, *Hantschobasheim et Hirtungheim* en 788 dans un titre de donation à l'abbaye de Fulde ; Fürdenheim, *Fürdenheim* en 803 parmi les biens de Lièpvre ; tous ces villages furent amenés au protestantisme par l'influence du magistrat de Strasbourg.

— SCHÆFFOLSHEIM, *Scaftolfeshaim* 788, était au XVe siècle une terre allodiale des Wurmser que ceux-ci donnèrent à l'église de Strasbourg, à condition qu'ils seraient investis du fief. En 1572 Schæffolsheim devint paroisse évangélique ; mais George de Wurmser, ayant abjuré le protestantisme, congédia en 1618 les ministres de Schæffolsheim et d'Achenheim, et ces deux villages rentrèrent dans le giron de l'Église. La cure-rectorat de Schæffolsheim avait été unie en 1351 à la prébende de Sainte-Catherine de la cathédrale, et elle dépendait alors de l'archiprêtré de Saint-Laurent. Dans l'ancienne église, il y avait une chapelle dédiée à Sainte-Catherine, qui servait de lieu de sépulture aux seigneurs de Schæffolsheim.

— STILL, STILLA, du nom de son ruisseau, figure en 773 dans un diplôme de Charlemagne à l'évêque Heddon. Le rectorat de Still fut uni en 1316 au chapitre de Haselach ; mais dans la suite, le vicaire perpétuel fut de nouveau investi du titre curial. L'église bâtie en 1744, vient de faire place à une église neuve qui fait l'ornement de la contrée. Outre la chapelle de la Vierge, on voit sur le penchant de la colline le Calvaire ou Chemin de croix que fit ériger en 1789 le curé Straubhar. Il y avait à Still une famille équestre du même nom, qui s'éteignit en 1444. Les nobles de Still tenaient en fief de l'abbaye d'Andlau, un verger situé à Strasbourg. « Leur devoir vasallitique était assez plaisant. Lorsque l'abbesse se rendait à Steinbourg, pour y tenir ses plaids annaux, le gentilhomme de Still était obligé de faire taire les grenouilles de l'étang voisin, la nuit qu'elle y passait, afin que l'abbesse pût dormir tranquillement. » *Grandidier, œuvres inédites, T. I.*

— Sultz, *Sulze,* figure en 708 dans le Testament de Ste Odile à l'abbaye de Niedermünster. L'abbaye de Marmoutier y possédait une cour dominicale. Un titre de 1165 confirme un échange de biens fait par Eckehard, chanoine de Haselach et curé de Soultz, avec la collégiale de Saint-Florent. Il y avait autrefois un rectorat qui fut uni au chapitre de Haselach, et une prémissairie éteinte depuis la Réforme. — Biblenheim, hameau du bailliage de Dachstein, situé près de Soultz, figure dans la charte polyptique de Marmoutier sous le nom de *Bubelnheim.* La chapelle, à la collation du grand-prévôt de la cathédrale, était la mère-église de Soultz, dont elle devint dans la suite l'humble fille.

— Wangen est très-ancien. Je ne dirai pas si l'ancienne villa royale tire son nom des Triboques ou des Vangions; mais un diplôme de Louis-le-Débonnaire (828) nous apprend que le comte Erchangier possédait à *Uangon* des vignes et des serfs qu'il céda à l'abbaye de

8

Schwartzach en échange d'autres biens. Honau y avait aussi quelques terres. En 845 l'empereur Lothaire donna *Wanga* à l'abbaye de Saint-Étienne, dont le dit village fut le premier patrimoine. La *villa* devint au moyen-âge un *oppidum* avec un château, berceau de la noble et illustre famille de Wangen à qui revient la gloire d'avoir fondé Marienthal. Au temps de la Réforme, le voisinage de Wasselonne ne fut pas sans influence sur l'état des esprits des habitants de Wangen. Mais l'abbaye de Saint-Étienne se chargea de faire elle-même l'œuvre de la réformation. L'abbesse Anne de Schellenberg s'était opposée à l'établissement d'un ministre protestant, et Adelaïde de Wangen y avait nommé un curé catholique. Une intrigue d'amour poussa cette dernière à faire un scandaleux mariage. Alors, en 1545, fut élue l'abbesse protestante, Marguerite de Landsperg, et le bourg de Wangen obtint un pasteur nommé Léonard Volck. L'année suivante, Butzer et Jean Wurm, chanoine de Saint-Étienne, visitèrent la nouvelle paroisse et achevèrent de l'organiser. Les dames de la Visitation ayant été mises, par lettres-patentes du roi (octobre 1700), en la possession de l'ancienne abbaye de Saint-Étienne, rétablirent le culte catholique dans l'église de Wangen.

— TRAENHEIM devint évangélique en 1556, et au commencement du siècle dernier, les catholiques reprirent place dans leur église. Ils furent desservis jusqu'en 1827 par le curé de Westhoffen.

Le village de Westhoffen, *in marca Uuesthoue*, apparait à diverses reprises dans les *Traditiones Wirzenburgenses*. Il tient son nom, ainsi que Nordheim et Osthoffen, de sa position topographique, par rapport au palais royal de Kirchheim. Il y avait anciennement deux églises, l'une située du côté méridional et bâtie en 1250 sous le vocable de S. Martin ; l'autre placée au nord et dédiée à S. Erhard. En 1330 Jean XXII incorpora l'église de Saint-Martin à l'abbaye de Marmoutier. L'église de Westhoffen, la dîme, une cour et ses dépendances figurent déjà dans la bulle du pape Alexandre III, de 1179, parmi les biens de la dite abbaye. — Westhoffen était au XVIe siècle un chef-lieu de bailliage du comté de Hanau. La Réforme y fut établie en 1545, mais en 1685 le vicaire-général Ratebon, assisté de l'intendant de Lagrange, réconcilia le chœur de l'église de Saint-Martin et le rendit au culte catholique. — Westhoffen a donné son nom à une famille noble, éteinte en 1435. L'église de Haselach renferme le mausolée du prévôt Crafto de Westhoffen ; et la chronique de Bâle fait mention d'un Henri de Westhoffen, qui fonda dans cette ville un couvent de dominicains, dont il fut prieur et où il mourut en odeur de sainteté. — Ballbronn, *Baldeburne*, était un fief impérial que l'empereur Henri VI donna en 1193 aux Prémontrés de Haguenau. Ce village échut par un acte de vente de 1543 au comte de Hanau, et fut placé sous la dépendance de Westhoffen dont il suivit les destinées religieuses. Devenue mi-partie en 1685, l'église de Ballbronn fut annexée jusqu'en 1827 à celle de Westhoffen ; depuis lors, elle relève de la paroisse de Flexbourg. La tradition veut qu'il y ait eu à Ballbronn quatre couvents, situés autour de l'église et communiquant avec elle par une allée souterraine. — Près de Ballbronn, se trouvait Linzingen, village avec château, qui a disparu ; et derrière la forêt de Westhoffen, le village d'Elberforst, appelé *Elpherwilere* dans un titre de 754 à l'abbaye de Hornbach : de ce village il ne reste plus que les ruines de la chapelle de Sainte-Anne dans laquelle le clergé de Wasselonne célébrait à certains jours le Saint-Sacrifice. Enfin, le hameau de Bruderbach situé dans le canton dit *Bruderfeld*, où, d'après la tradition, il y avait un petit couvent et une chapelle de la Vierge, qui était au XVe siècle un pèlerinage fréquenté. En raison des prodiges qui s'y opéraient, les échevins de Westhoffen prièrent en 1439 l'abbé de Marmoutier de consacrer la chapelle du Bruderbach.

— Wisches tire son nom du ruisseau qui l'arrose. Il est fait mention de *Wichia* dans le diplôme, par lequel Charlemagne confirme les possessions épiscopales de la vallée de la Bruche. Au XIVe siècle, le droit de *twing und bann* appartenait dans *Wihahe* à l'évêché, et l'abbesse d'Andlau y nommait le schultheis. Ce dernier droit parvint aussi à l'évêque en 1539. L'église de Wisches est une des plus anciennes de la vallée. Construite vers le milieu du XIe siècle, elle fut démolie en 1753. On n'en conserva que la tour et le chœur, qui forme chapelle sous le vocable de S. Antoine l'ermite. Cette église fut d'abord annexe de Grendelbruch, et desservie par les bénédictins d'Altorf; aussi le recteur de Grendelbruch conserva-t-il jusqu'à la Révolution le droit de chanter la Messe, à Wisches, le jour de S. Antoine, moyennant la retribution d'un sac d'avoine pour son cheval. Vers le milieu du XVIe siècle, l'église de Wisches fut rattachée à la paroisse de Lützelhouse qui s'étendait encore sur Mühlbach, Netzenbach et Herschbach, et qui était alors desservie par le chapitre de Haselach. Mais le presbytère de Lützelhouse étant devenu, en 1736, la proie des flammes, la cure fut transférée l'année suivante à Wisches, comme étant un point plus central. Citons encore, *currente calamo*, quelques faits. Le 21 mars de l'an 1721, les habitants de Wisches et de Netzenbach firent le vœu de chômer, chaque année, la fête de S. Hubert et d'assister au saint-sacrifice de la Messe, qu'ils feraient célébrer. — En 1730, le service de bination fut autorisé pour les dimanches et fêtes, dans l'église-annexe de Wisches. — En 1732, nomination d'un vicaire à Lutzelhouse. Et en cette même année, l'évêque d'Uranople donna la confirmation dans l'église de Lutzelhouse, et Dom Calmet y assista.

— Wolxheim figure pour la première fois dans les chartes en 736, et il reçut à diverses époques les noms de *Uleishaim, Folcoaldesheim, Wolfgangesheim*. Herrade de Landsperg donna en 1178 au monastère de Saint-Gorgon, *caratam vini in Wolffangesheim*. L'histoire ne nous dit pas si le vin de Wolxheim avait, déjà au temps de l'abbesse Herrade, la renommée dont il jouit aujourd'hui; mais ce détail ne nous intéresse que médiocrement. Il y avait dans cette paroisse une prémissairie unie à la cure-rectorat. Quant à la chapelle dite *Armuth-Capelle*, Baquol nous en donne l'origine légendaire.

— Wolfisheim est appelé *Volfrigeshaim* en 768. Les abbayes de Murbach, de Lure et de Saint-Étienne y possédaient des biens. Au XVIe siècle, Wolfisheim et Hangenbieten formaient un bailliage dans le comté de Hanau. Ces deux endroits étant échus au comte de Deux-Ponts-Bitche, le luthéranisme, que le magistrat de Strasbourg avait voulu y introduire dès l'année 1526, dut quitter la place et ne parvint à s'installer définitivement qu'en 1571, sous le patronage du comte Philippe V, devenu héritier de la seigneurie de Bitche. Un siècle après, Wolfisheim eut aussi une paroisse réformée et Pierre Werenfels de Bâle en fut le premier ministre. — Eckbolsheim est le premier patrimoine de l'église de Saint-Thomas, qui y possédait la juridiction territoriale, les dîmes et le patronage. La donation remonte au roi Dagobert II. *Diss seynd*, est-il dit dans un rotule de la colonge d'Eckboltzheim, *die rechte des hoffes zu Eckheboltzheim, dieselben recht und zinss gab konig Dagobertus durch seiner seelen heyl denn herrn zu sant Thoman zu Strasburg.* En 940 l'évêque Ruthard donna aux Frères de Saint-Thomas *in Eckhiboldesheim marca curtem unam et ecclesiam sanctæ Aureliæ virginis cum decimis et cum aliis servitiis.* Le village d'Eckbolsheim dépendait alors de l'église paroissiale de Sainte-Aurélie ; il était avant la Réforme une cure-rectorat de l'archiprêtré de Saint-Laurent. Le protestantisme y fut établi en 1535, et le simultaneum en 1693.

CAPITULUM BIBLENHEIMENSE SEU MOLSHEIMENSE.

Hujus Archipresbyter est Joannes Pleister sacrosanctæ Theologiæ doctor et Sacri verbi prædicator Protho notarius Apostolicus Rector in Molsheim.

Molsheim.	Bergbieten.	Dahlenheim.
Mutzig.	Dangolsheim.	Osthoffen.
Still.	Kirchheim.	Wolxheim.
Haslach.	Marlenheim.	Sulz. Schæffolsheim.

Defecerunt Ecclesiæ ii.

VIII.

ARCHIPRÊTRÉ DU MONT-DES-FRÈRES OU D'OBER-EHNHEIM.

Archiprêtre : Lix curé de Bischoffsheim.

Altorf. — Ég. ab. et p. de *S. Cyriaque*, Collateur : l'abbé d'Altorf. Curé : Dom C. Streicher.

Bernardsweiler, vic. rés. — Ég. de l'*Assomption* de la B. V. Marie. Coll. : le pr. év. de Strasb. Curé : Guntz, c. à Oberehn, Graus v. r., 1788 Wack.

Bersch. — Ég. p. de *S. Médard*. Coll. : le grand-chapitre de Strasb. Curé : Weimer, 1781, Gombault. — Primissariat. — Hospice.

Bischoffsheim. — Ég. p. de *Ste Aurélie*. Coll. : le chapitre de S. Léonard. Curé : Lix.

BISCHOFFSHEIMBERG. — Ég. de la B. V. Marie.

Dachstein. — Ég. p. de *S. Martin*. Coll. : le pr. év. de Strasb. Curé : Fingado, 1781, SPINDLER.

Düppigheim. — Ég. p. de *S. Arbogaste*. Coll. : le grand-prévôt de Strasb. Curé : Gœtz, 1788 Wallbott.

Dittelnheim. — Ég. p. de *S. Louis*. Coll. : l'abbé d'Altorf. Curé : Dom Idelfonse Beck, 1786 Ferrazino.

Dorlisheim † R. — Ég. p. de *S. Laurent*. Coll. : le pr. év. de Strasb. Curé : Humann. — Ég. de S. Jean-Baptiste et Commanderie de Saint Jean.

Grendelbruch et Muckenbach. — Ég. p. de *SS. Philippe et Jacques*. Coll. : le pr. év. de Strasb. Curé : Rinn.

MOLLKIRCH. — Ég. de S. Joseph.

LAUBENHEIM. — Ch. de la B. V. Marie.

Girbaden. — Ch. de S. Valentin.
Gressweller. — Ég. p. de *S. Martin*. Coll. : le pr. év de Strasb. Curé : le P. Müller, récollet.
Griesheim. — Ég. p. de *S. Alexis*. Coll. : l'abbé d'Altorf. Curé : le P. Placide Fischer, 1786 Weis.
Holtzheim. — Ég. p. de *S. Laurent*. Coll. : le pr. év. de Strasb. Curé : Hopp dit Lempfried, 1785 Vogel.
Lingolsheim. — Ég. de S. Jean-Baptiste. — Ch. des Trois-Croix.
Illwickersheim (vulgo) Oswald. — Ég. p. de *S. Oswald*. Coll. : le magistrat de Strasb. Curé : Streicher. 1789 Rumpler.
Innenheim. — Ég. p. de *S. Martin*. Coll. : le chap. de S. Léonard. Curé : Würtz, 1781 Seemann.
Klingenthal. — Ég. p. de *S. Louis*. Coll. : le pr. év. de Strasb. Curé : Trœstler, 1789 Kitzelmann.
Krautergersheim. — Ég. p. de *S. Evre*. Coll. : l'abbé de Moyenmoutier. Curé : Gremmel. — Ch. de Ste Anne.
St. Léonard. — Ég. coll. de *S. Léonard*. Coll. : le grand-prévôt de Strasb. Curé : Lynche. — Ch. au chêne.
Meistratzheim. — Ég. p. de *S. André*. Coll. : le commandeur de l'ordre teut. de Strasb. Curé : Sigrist.
Mühlbach. — Ég. p. de la *B. V. Marie*. Coll. : le pr. év. de Strasb. Curé : Simon, 1785 Philippe, 1789 Rumpler.
Niederehnheim. — Ég. p. de *Ste Barbe*. — Église-mère de S. Maximin dite Feldkirch. Coll. : l'abbé de Moyenmoutier. Curé : Hummel, 1782 Schneider.
Oberehnheim. — Ég. par. de *SS. Pierre et Paul*. Coll. le pr. év. de Strasb. Curé : Guntz. — Ég. de la B. V. Marie, dite Cappelkirch, autrefois paroissiale. — Ég. des capucins. — Ch. de l'hospice avec chapellenie de S. Erhard. — Ch. de Ste Elisabeth, autrefois une léproserie.
Oberkirch, château. — Ch. de S. Jean-Baptiste
Truttenhausen. — Ch. de la B. V. Marie et de S. Nicolas avec chapellenie.

INGMARSHEIM, dét. — FINHEY, dét.

Ober-Ottenrot. — Ég. p. de *SS. Simon et Jude*. Coll. : le grand-chapitre de Strasb. Curé : Bollender, 1788 Fettet.

NIEDER-OTTENROTT. — Ch. de S. Nicolas.

LUTZELBURG, château.

SAINT-NABOR. — Ég. de S. Nabor autrefois par. — Ch. de la Croix.

HOHENBURG ou MONT-SAINT-ODILE. — Ég. de Ste Odile

SAINT-GORGON, dét.

NIEDERMÜNSTER. — Ch. de S. Nicolas. — Hospice dét.

Rosheim. — Ég. p. de *S. Étienne*. Coll. : le grand-chapitre de Strasb. Curé : Hitzelberger, 1783 Weisroch. — Ch. de S. Vendelin. — Ch. de la B. V. Marie. — Ch. de S. Jacques, à l'hospice. — Ch. de SS. Thibaut et Gangulphe.

Rosheim. — Ég. p. de *SS. Pierre et Paul*. Coll. : l'abbé de Hauteseille. Curé : Schaumann, 1783 Melsheim.

Rosheimweiler. — vic. rés. — Ég. de *l'Assomption de la B. V. Marie*. — Coll. : le curé de SS. Pierre et Paul de Rosheim. Curé : Spitz, 1786 Melsheim, 1788 Lambrecht.

Rothau † R. — Ég. p. de *S. Nicolas*. Coll. : le pr. év. de Strasb. Curé : Herrenberger, 1783 Jœger.

MINQUETTE. — NEUWILLER. — HAUTEGOUTTE. — VILDERSBACH. — VALDERSBACH. — FOUDAY ou URBACH. — TROUCHY. — BELLEFOSSE ou BELFUOS. — BELMONT ou SCHÖNENBERG.

NASSWEILER. — Ég. de S. Genès.

Roussey ou Russ. — Ég. p. de *S. Étienne*. Coll. : le pr. év. de Strasb. Curé : Petri.

SCHWARTZBACH. — STEINBACH.

Schirmeck. — Ég. p. de *S. Sébastien* et *S. George*.

BÆRENBACH. — Ég. de S. George.

WACKENBACH. — AUSTRUTHOF ou UEBERSCHLINGEN. — AULIEN.

STORBACH ou STERPE. — Ch. de S. Udalric.

Le relevé statistique de cet archiprêtré donne 27 paroisses catholiques avec 39 églises et 19 chapelles, 3 églises mixtes, 4 paroisses protestantes et 4 temples, 8 synagogues.

Bærenbach, Mollkirch et Natzwiller ont été élevés au rang de paroisse en 1803, et Lingolsheim en 1862.

Familles cath. 4491, — prot. 668. —cal. 11,— isr. 210.

Altorf. — Abbaye de bénédictins ; *Abbé* : Gyriaque Spitz.

Bischofsheim. — Hospice de Récollets ; *Gardien* : le P. Cécilien Peter.

Dorlisheim. — Commanderie de l'ordre de S. Jean de Jérusalem ; *Commandeur* : J. Gaspard Frédéric, Baron de Hompesch.

Obernai. — Couvent de Capucins ; *Gardien* : le P. Adalbert de Schlestadt.

Saint-Léonard. — Collége de 8 Chanoines; *Prévôt* : Ferd. Max. Mériadec, prince de Rohan, archevêque de Bordeaux, grand-prévôt de Strasbourg.

Saint-Odile. — Couvent de Prémontrés; *Prieur* : le P. Klein.

Olim : Dachstein. — Couvent de chanoines réguliers de S. Augustin.

Feldkirch. — Prieuré de bénédictins.

Hohenburg et Niedermünster. —Abbayes de chanoinesses nobles.

Obernai.—Couvent de religieuses augustines.

Saint-Gorgon. — Prieuré de Prémontrés.

Trüttenhausen. — Prévôté de chanoines réguliers de S. Augustin.

VARIA.

— ALTORF. Ce village est plus ancien que son abbaye. Au commencement du IXe siècle, l'évêque Adaloche donna des biens situés *in villula Aldorf* à l'église de Saint-Thomas. A la mort de Gertrude, comtesse de Dabo, le village d'Altorf échut à l'évêque Berthold qui le céda en 1234 à l'église de Strasbourg. L'abbaye y possédait les dîmes et le droit de patronage que lui avait donnés en 974 le comte Hugues, son fondateur.

— BERNARDSWEILER OU BETSCHWILLER doit son nom à un dynaste du VIIIe siècle appelé Bernhard. Ce village était un fief impérial, qui après avoir eu divers feudataires, devint en 1349 la propriété de la ville d'Obernai, à laquelle il resta soumis, au spirituel comme au temporel, jusqu'à la Révolution. Il y avait une chapelle, agrandie au XVe siècle, que les habitants du village avaient pourvue au siècle précédent d'une chapellenie dite de Sainte-Catherine. Ce bénéfice ayant été supprimé pendant la Révolution, le curé d'Obernai confia la desserte de l'église filiale à ses vicaires ; mais faute d'auxiliaires, il ne put continuer longtemps ce service et les habitants de Bernardsweiler furent dans le cas de se rendre aux offices de l'église paroissiale. Afin de remédier, au moins en partie, à ce pénible état de choses, ils fondèrent en 1653 la Confrérie du Chapelet pour les infirmes et les vieillards. Enfin après des instances réitérées, il fut établi en 1719, sur une sentence de l'Officialité, un vicaire-résident muni de la juridiction pastorale ; cependant les mariages devaient se célébrer dans l'église d'Obernai. Ainsi fut fait jusqu'à la Révolution.

— Bœrsch tient son nom, au dire de certains chroniqueurs, de Berswinde, mère de Ste Odile qui légua cet endroit à l'hospice de Niedermünster. Dans les lettres-patentes de l'évêque Conrad, données en 1109 au monastère de Saint-Léonard, ce village figure sous le nom de *Birsa*, et sous celui de *Bersa* dans un titre de l'abbaye de Baumgarten à qui Walfrid de *Bissopsheim* céda en 1187 deux cours situées dans le dit village. L'évêque Berthold de Bucheck éleva Bœrsch au rang de ville en l'entourant de fossés et de murailles, ainsi que le rapporte l'inscription suivante qui se trouvait jadis à Bœrsch, dans la cave de l'évêque : *als man zahlt 1328 jahr Zum bischoff erwehlet war Bechtold von Bucheck hochgeacht Hat Börsch das Dorff zur Statt gemacht.*

Un très-ancien rotule, publié par M. Hanauer, nous apprend qu'au XIIIᵉ siècle le grand-chapitre possédait à Bœrsch une cour seigneuriale et nous initie aux rouages administratifs de ce petit État, appelé le *dinghof*, la *curia dominicalis* ou la *colonge*. Bœrsch fut engagé en 1423 par Guillaume de Dietsch à la ville de Strasbourg, et racheté en 1466 par le grand-chapitre; il forma avec Geispolsheim, Lampertheim, Saint-Léonard et Saint-Nabor, un des trois bailliages appartenant aux chanoines-comtes de la cathédrale. Outre le rectorat, il y avait une prémissairie qui était à la collation alternative du magistrat et de la famille Grau.

— Bischofsheim fait partie de l'ancienne et riche dotation que le roi Dagobert II fit à Notre-Dame de Strasbourg, de laquelle il se constitua lui-même le serf.

L'abbaye de Baumgarten possédait dans ce village le legs de Walfrid de Bischofsheim : *curias quinque cum pertinentiis suis, et cellarium unum*. L'évêque y avait aussi une cour seigneuriale et les Müllenheim y exerçaient, au XIVe siècle, le droit de patronage qui plus tard parvint au chapitre de Saint-Léonard. — En sortant du village, suivons ces pèlerins qui de toutes parts affluent vers la montagne appelée le Bischenberg. A mi-côte, s'élève le sanctuaire de Notre-Dame-de-Pitié, élevé en 1590 par Jean de Manderscheidt et confié en 1663 par Egon de Furstenberg aux Récollets. Dans l'enclos qui est en face de l'église, se trouve un Calvaire ou Chemin de croix, érigé en 1732. Les pères Ligoriens vinrent occuper en 1825 le pieux asile, d'où la Révolution avait chassé les fils de S. François, et où, auxiliaires volants du clergé séculier, ils n'ont cessé de consumer leur vie, travaillant à la gloire de Dieu et au salut des âmes : aujourd'hui la montagne bénie pleure les absents.

— Dachstein était une des sept préfectures de l'évêché de Strasbourg. Henri de Veringue y construisit en 1214 un château, qui fut incendié par les Strasbourgeois en guerre avec leur évêque, Walther de Géroldseck. L'archiduc Léopold convertit en forteresse ce château, que Robert de Bavière avait relevé de ses ruines : périlleux honneur! qui valut à Dachstein les misères qu'entraînèrent après elles ces interminables guerres du XVIe et XVIIe siècle. En 1356 l'évêque Jean II établit à *Dabichenstein* des chanoines réguliers de S. Augustin ; ils n'y demeurèrent que jusqu'en 1371, pour se disperser ensuite en d'autres maisons.

— Dorlisheim, appelé *Dorloshain* dans la charte précaire de Hildefrid à l'abbaye de Murbach, appartenait primitivement à l'évêché de Metz d'où il parvint à celui de Strasbourg. Ce domaine fut ensuite tellement morcelé, et réparti entre tant de mains différentes, que la ville de Strasbourg mit deux siècles à se l'approprier entièrement. Sous l'influence de son nouveau seigneur territorial, le bourg de Dorlisheim fut un des premiers à suivre la voie de la Réforme ; en 1524 il éloignait le curé Klein et demandait au magistrat de Strasbourg un prédicant « *der Ihnen verhelfe auch Himmelsbürger zu werden.* » André Preunlein ou Prunulus vint pour accomplir cette mission, mais les Rustauds le pendirent. Son successeur Ulric Graf, ex-gardien des franciscains de Strasbourg, fut réputé trop papiste. Enfin Butzer envoya Wolfgang Mösel ou Musculus, bénédictin défroqué de Lixheim, qui avait pris femme et qui réduit à la misère était entré dans un atelier de tisserand. Ce fut l'organisateur de la paroisse luthérienne de Dorlisheim. En 1686 les catholiques purent reprendre place dans l'antique église bâtie par leurs ancêtres. Dorlisheim était avant la Réforme une cure-rectorat avec primissariat, à la collation de l'abbé de Hesse. Ce droit échut en 1576 à l'abbaye de Haute-Seille qui le vendit à la ville de Strasbourg. Il y avait dans l'église paroissiale deux chapelles, dédiées l'une à la Ste Vierge et l'autre à Ste Catherine ; de plus une confrérie du Rosaire érigée en 1772. Michel Wohlrab, dont la conversion est relatée dans les *Convertiten de Mgr. Ræss, T. IX, pag. 427*, était l'avant-dernier curé de Dorlisheim. Il se retira à Molsheim où il desservit la chapelle de Guthleuten appartenant à la famille Hœtzel, jusqu'à sa mort, arrivée en 1779. Il publia les écrits de Rippel et fit un poëme intitulé « *Des königlichen Argentina, lobwürdige Tochter oder das vergnügte Landleben in Dorlisheim.* » Avant de quitter cette localité, jetons un regard vers l'ancienne commanderie de Saint-Jean avec l'intention de la visiter plus tard.

— DÜPPICHEIM. Wizeric et son frère Azzon donnèrent en 951, à l'église de Strasbourg *in marca que vocatur Dubincheim quadraginta hubas, capellam ibidem constructam cum curtibus, mancipiis etc.* WÜRDTWEIN, T. III, P. 357. Cette donation constitua le fief claustral qui fut uni plus tard à la grande-prévôté : c'est à ce titre que le grand-prévôt était décimateur du ban de Düppigheim.

— DÜTTLENHEIM était, ainsi que le village précédent, un ancien fief de la famille de Landsperg. Le comte Hugues donna en 974 à l'abbaye d'Altorf qu'il avait fondée *curiam Tuttelheim cum banno villæ ipsius et justitiam que vulgo dicitur* Masth [1]. L'abbaye perdit le droit seigneurial du village, mais elle y conserva quelques dîmes et le patronage de l'église qu'elle fit desservir par ses religieux. Les monastères de Hohenbourg et de Moyenmoutier, les nobles d'Andlau, de Sturm et d'Oberkirch y jouissaient aussi de quelques droits et de quelques biens. Les seigneurs du village, ayant embrassé le luthéranisme, entraînèrent les habitants à leur suite, et établirent en 1553, Joseph Durnauer en qualité de ministre. Osée Schadæus fut pendant deux ans, pasteur de Düttlenheim. Le 9 juin de l'année 1686, dimanche de la Trinité, le village de Düttlenheim abjura solennellement

---

1. Droit de glandée.

en présence de l'intendant Lagrange, du vicaire-général Ratebon, du bailli de Mutzig, Théodore Ruther, et de George Materne, bénédictin d'Altorf, qui s'était fait l'apôtre de Düttlenheim et qui en devint aussi le curé.

— GRENDELBRUCH. Nous sommes rentrés dans la vallée de la Bruche. C'était tantôt la Hasel, maintenant c'est la Magel qui nous appelle dans le petit vallon latéral, situé presque vis-à-vis de celui de Haselach. Après avoir gravi une longue côte entre champs et forêts on descend tout-à-coup sur Grendelbruch et on a devant soi la magnifique ruine de Girbaden. Cette belle construction féodale, est-elle d'origine romaine ou même celtique ? A-t-elle servi d'asile aux Templiers ? Ce sont là des conjectures sur lesquelles nous n'avons pas à nous prononcer. Toujours est-il qu'il faut voir dans Girbaden le *Burchbergh* dont le comte Hugues dota son abbaye d'Altorf et dont il est fait mention dans la notice de fondation de la dite abbaye. En effet le pape Célestin III nomme expressément *cappelam Girbaden* parmi les biens de l'abbaye d'Altorf; celle-ci possédait les dîmes et le patronage des églises de Grendelbruch, Muckenbach, Laubenheim, Mollkirch, Bærenbach, Schirmeck. Le château de Girbaden avec ses dépendances appartenait aux comtes d'Egisheim-Dagsbourg, les fondateurs d'Altorf. En 1220 il fut l'objet d'une transaction en vertu de laquelle Frédéric, comte de Linange, céda à l'évêque de Strasbourg la fortification de Girbaden, avec ses droits territoriaux dans la vallée de la Bruche, contre le château de Dagsbourg et ses attenances. L'empereur Henri VII confirma cette cession en 1239; à partir de cette époque le Girbaden ne cessa de faire partie du domaine épiscopal. Sous la domination française, quelques artificiers firent sauter les fronts de l'antique forteresse qui avait résisté victorieusement aux assauts successifs des Armagnacs, des Strasbourgeois, des Rustauds, des Suédois et des troupes du Rhingrave. — La chapelle du château, dédiée à Saint Valentin, a été reconstruite ; c'est un lieu de pélerinage.

GRENDELBRUCH, dépendance de Girbaden, appartenait pour le temporel à l'évêque de Strasbourg, et pour le spirituel à l'abbaye d'Altorf. Dans la bulle confirmative des biens de l'église d'Altorf, du pape Célestin III, 1192, nous lisons : *Ecclesiam beati Michaelis. Ecclesiam Berbach cum pertinentiis suis. Ecclesiam Grindelbroch cum pertinentiis suis. Predictam scilicet capellam beati Michaelis et duas ecclesias istas Berbach et Grindebroch sibi (Walthero abbati) et successoribus suis libere regendam ad hedificium novi monasterii in perpetuum concedimus.* Cette chapelle de Saint-Michel dont il est question dans la bulle, me semble être celle de Wisches, qui honore S. Michel comme patron et qui dépendait primitivement de Grendelbruch, ainsi qu'il a été dit plus haut. La cure de Grendelbruch resta incorporée à l'abbaye d'Altorf jusqu'en 1690, où elle fut sécularisée et placée sous le patronage de l'évêque de Strasbourg. Le curé devint décimateur universel, à charge de construire le presbytère, le chœur et la tour de l'église. — Mollkirch, *Maheckirch*, suivit les destinées de sa mère-église. — Laubenheim était un ancien prieuré de l'abbaye de Lure. Il fut donné au collège des Jésuites de Molsheim. La chapelle érigée en 1484, restaurée en 1720, porte l'inscription suivante : Johes Stoer. Abbas M. Lutra. « Restaurator huj loci. Anno Dni 1484. IW. »

— GRESSWILLER était une ville royale que l'empereur Lothaire céda en 849 à l'abbaye d'Erstein. Après avoir connu divers feudataires, Gresswiller parvint en 1507 à l'évêché de Strasbourg. Le grand-chapitre, héritier des biens de l'abbaye d'Erstein, posséda les dîmes et le patronage de Gresswiller ; mais en 1640 il abandonna cette cure avec les dîmes aux Récollets de Hermolsheim qui en jouirent jusqu'à la révolution. L'église de Gresswiller fut bâtie en 1766 et la tour porte le millésime de 1523.

— GRIESHEIM, surnommé *im-Loch*, appartenait à l'évêque. Il fut protestantisé par les Landsperg, auxquels il avait été inféodé vers la fin du XVe siècle. A la mort de Samson de Landsperg, 1656, le village fit retour à son seigneur direct, et par lui, à l'Église catholique. Griesheim fut brûlé deux fois pendant les guerres des derniers siècles. La cure était à la collation de l'abbé d'Altorf, et desservie par les religieux de l'abbaye.

— HOLTZHEIM *(Hoholfesheim* 840), était de même un village épiscopal, dont fut investi, en 1534, Wolf de Landsperg qui y établit la Réforme. En 1578 l'évêque Jean de Manderscheidt revendiqua son fief. Le village a donné son nom à une famille noble éteinte vers le milieu du XVe siècle. — Lingolsheim, appelé *Linginoldesheim* en 1127 dans un titre de l'abbaye de Marmoutier, était un fief de l'Empire, qui appartint d'abord à Dietrich d'Epfig et qui fut donné en 1344 à la famille de Landsperg. Avant la Réforme, il y avait une cure-plébanat à la collation du grand-custos qui continua de nommer le ministre protestant. L'église devint mi-partie en 1742. — Près de Lingolsheim se trouvait la chapelle de la Croix, pèlerinage très-connu et très-fréquenté par les Strasbourgeois. Primitivement, il n'y avait que trois croix de pierre qu'Eberhard de Landsperg avait fait élever à son retour de la Terre-sainte. En 1741 Samson-Ferdinand de Landsperg, qui avait abjuré le protestantisme, fit renfermer ces croix dans une chapelle et ériger des stations dans l'enclos voisin. La Révolution détruisit croix, chapelle et stations : il ne nous reste plus que l'Alsatica intitulé « *Andachtsübung und Besuchung der h. Kreutz-Capelle bey Lingolsheim, 1777.* »

— ILLWICKERSHEIM ou Wickersheim prit le nom de Saint-Oswald, de la fontaine et de la chapelle de ce saint très-honoré autrefois en ce lieu par les pèlerins. Le village impérial fut engagé aux Zorn et acquis par la ville de Strasbourg qui y introduisit le luthéranisme. Avant la Réforme il n'y avait à Illwickersheim que la chapelle de Saint-Oswald ; celle-ci était pourvue d'un bénéfice et dépendait d'Illckirch. En 1687 le village redevint catholique ; mais chose curieuse, les femmes s'obstinèrent à ne pas suivre l'exemple des hommes qui tous avaient abjuré le protestantisme. L'année suivante Illwickersheim fut érigé en paroisse, et chargé de desservir son ancienne mère-église d'Illckirch, jusqu'en 1760, quand celle-ci eut elle-même de nouveau un curé catholique. Alors Illwickersheim quitta le chapitre rural de Rhinau et prit rang dans celui du Mont-des-Frères.

— INNENHEIM formait, avec Kraut-Ergersheim, un

fief de l'Empire. Il figure en 730 dans une charte de l'abbaye de Wissembourg sous le nom d'*Unnenhain*, et sous celui de *Hinnenheim* en 1200 dans la notice des biens du chapitre de Saint-Léonard, auquel la cure avait été incorporée.

— KLINGENTHAL. L'ordre alphabétique nous transporte d'un bond de la plaine jusque dans la vallée de Klingenthal. Ce nom sonne comme les lames guerrières qu'on forge dans les usines de ce village. Anciennement c'était le cor qui du haut des châteaux de Rathsamhausen et de Landsperg envoyait ses accents de joie ou de guerre aux échos de la vallée. Alors le village, dont le Klingenthal occupe l'emplacement, s'appelait *Stüttmatt*, et dans les titres du XIe et XIIe siècle, ce lieu entièrement boisé figure sous le nom de *Wiedenstrout* ou *Geroldstrut*. Le Klingenthal ne date que de 1730; il faisait partie du bailliage chapitral de Bœrsch.

— KRAUT-ERGERSHEIM. En suivant le cours de l'Ehn, nous arrivons à l'endroit où la rivière prend tout-à-coup un autre nom qu'elle impose au village appelé *Ercafetishain* dans un titre de l'abbaye de Murbach, de 736. Les abbayes d'Andlau, d'Altorf, de Hohenbourg, de Baumgarten, de Stürzelbronn, de Marbach apparaissent tour à tour dans les chartes, comme ayant des biens dans ce village. L'église de Krautergersheim relevait primitivement de Saint-Maximin de Feldkirch, et jusqu'à la Révolution elle resta unie à l'abbaye de Moyenmoutier.

— MEISTRATZHEIM. Nous passons révérencieusement les chanoines de Saint-Léonard en nous rendant dans le village de *Mustridesheim*, 828. Le comte Hugues donna une cour située dans *Meistersheim* à l'abbaye d'Altorf, et Bertha de Griesz un bien allodial dans le même village à l'abbaye d'Ebersmünster. Meistratzheim était un fief de l'évêché de Strasbourg et faisait partie des possessions féodales de la famille de Landsperg. La commanderie d'Andlau nommait à la cure.—Mühlbach parvint avec le château de Girbaden à l'évêque de Strasbourg. Les fils de Thierry, comte de la Basse-Alsace, donnérent en l'an 1150 un bien situé à *Mulinbach* à l'abbaye de Neuviller, qui vendit ce bien en 1159 à l'abbaye de Neubourg. Mühlbach était une annexe de Lützelhouse; mais en 1731 la commune, de concert avec le prince de Rohan-Soubise, bâtit un presbytère et une église sous le vocable de l'Assomption de la Sainte Vierge. Cette église fut érigée d'abord en vicariat perpétuel, et en 1742 elle devint une paroisse à la collation de l'évêque. Le curé jouissait de presque toutes les dîmes, et il avait encore dix cordes de bois que lui donnait la commune en les achetant à la forêt seigneuriale à raison d'un franc et 4 sols la corde sur le tronc.

— NIEDER-EHNHEIM, comme Ober-Ehnheim, tient son nom du ruisseau de l'Ehn. Ce village était une dépendance du prieuré de Feldkirch fondé par Regimbert, abbé de Moyenmoutier et successeur de S. Hydulphe. Une dame noble, appelée Theudelinde, donna à l'abbaye de Moyenmoutier *honorabile predium ahenaim vocatum*. Ce village figure pour la première fois sous le nom de *second Ehnheim* dans la bulle de S. Léon IX à l'abbaye de Hohenbourg; et dans le diplôme de Henri V (1114) il est fait mention de la chapelle de la Sainte-Vierge, à Ehenheim. Cette chapelle relevait de l'église de Saint-Maximin, avec laquelle elle fut incorporée en 1332 à Moyenmoutier. Quelques nobles avaient fondé en 1314, dans la chapelle de Sainte-Barbe, une chapellenie qui fut érigée en 1340 en bénéfice perpétuel. Niedernai était un fief oblat de l'église de Strasbourg, appartenant aux Landsperg qui le fortifièrent. La petite ville fut très-éprouvée pendant la guerre des Armagnacs et des Suédois.

— OBERNAI. En remontant le cours de l'Ehn, nous arrivons de l'Ehnheim inférieur à l'Ehnheim supérieur. Obernai occupait le sixième rang parmi les villes impériales; mais dans son origine, la petite ville jette un éclat que lui disputent en vain ses Sœurs de la décapole. *Villa* gallo-romaine, elle devint sous les rois mérovingiens le siège du chef de la province et de la cour judiciaire. Le duc Adalric ou Athic y avait sa résidence; Athic, le chef de cette illustre maison dont le nom se trouve gravé sur le frontispice des abbayes les plus florissantes de l'Église d'Alsace, en même temps qu'il est étroitement lié aux destinées de la province et qu'il fait souche aux principales familles souveraines d'Europe ; Athic, le père de celle qui, condamnée à périr comme le déshonneur de sa race, en est devenue la gloire, et sans laquelle le nom du leude mérovingien nous serait resté inconnu. L'éternel honneur d'Obernai est d'avoir vu naître la sainte et vénérée Patronne de l'Alsace.

Maintenant, ami lecteur, désirez-vous savoir quand et comment Obernai est devenu ville forte et ville libre, — les démêlés qu'il a eus, les guerres qu'il a soutenues, les lois administratives qui l'ont régi, et autres choses intéressantes, consultez ou lisez la très-complète *His-*

toire d'Obernai de M. l'abbé Gyss ? Cette même *Histoire* nous servira à résumer les faits qui se rattachent à la paroisse. — L'église d'Obernai figure dans le Testament de Ste Odile ; elle était située dans l'ancienne cour salique que le duc Athic donna à sa fille et que celle-ci légua ensuite par indivis aux abbayes de Hohenburg et de Niedermünster. « *Dux Adelricus*, est-il dit dans le diplôme confirmatif de Louis-le-Débonnaire, 837, *tradidit enim predictæ filiæ suæ ejusque posteris jure perpetuo possidenda jurisdictionem in curia dominicali superiori Ehenheim cum ecclesia in eadem curia sita, ejusdem ecclesiæ jus patronatus.* » Les deux abbayes exercèrent une souveraineté incontestée sur le domaine patrimonial de Ste Odile jusqu'à l'avènement des Hohenstauffen. Ces puissants seigneurs, investis du duché d'Alsace et de Souabe, et maîtres de l'Empire, étaient en même temps les avoués de Hohenburg. Substituant au droit de protectorat celui de possession, ils placèrent Obernai sous leur juridiction immédiate et ne dédaignèrent pas de s'annexer le droit de patronage de l'église. Les deux abbayes ne parvinrent à recouvrer une partie de leurs droits qu'après la chute de cette dynastie. L'empereur Guillaume de Hollande leur restitua en 1249 le patronage de l'église d'Ehenheim qu'il transféra six ans après au chapitre de Mayence. Les abbayes durent transiger avec le chapitre et partager avec lui pendant plus d'un siècle ce droit de collation. Enfin, pour réparer le dommage que leur avaient causé les invasions des compagnies anglaises, l'évêque Frédéric de Blanckheim leur incorpora l'église d'Obernai. Cette union se fit en 1385, du consentement du recteur Jean de Flonheim, et elle fut confirmée en la même année par le pape Boniface IX. A partir de cette époque le curé d'Obernai ne fut plus qu'un vicaire perpétuel, *plebanus, ewiger Lutpriester.* Au XVI⁰ siècle il est de nouveau désigné sous le nom de *Pfarrer* et au XVII⁰ siècle il reprend le titre de *Rector.* « D'après une colligende de 1650, la compétence du curé consistait alors en 5 *Fuder* de vin, 52 sacs de seigle, 16 sacs d'orge et 54 florins. Le curé avait à sa charge l'entretien de trois vicaires [1]. » On sait que vers le milieu du XVI⁰ siècle l'incendie dévora successivement Hohenburg et Niedermünster : les deux abbayes jadis si florissantes ne se relevèrent plus de leurs ruines, et leurs biens échurent à l'évêché qui devint ainsi le patron de l'église d'Obernai. Celle-ci étendait sa juridiction sur les villages de Bernardswiller et d'Ottrott-le-Bas, et avant la Réforme, elle était richement dotée de chapelles et de bénéfices. Nous allons les examiner.

D'abord la *Kapelle unserer lieben Frau*, ou *Kapellkirche*, bâtie en 1285 et agrandie en 1474. Elle était pourvue des deux chapellenies de la Croix et de Saint-Nicolas, elle servait de succursale à l'église-mère, et elle était le siège de la confrérie de la Vierge. — La chapelle de l'hospice, érigée en 1315 et dédiée à S. Erhard. Le bénéfice y fut fondé par Conrad de Wiggersheim, chapelain de la Vierge. — La chapelle du béguinage, *in der Closen*, sous le vocable de S. Nicolas et située hors de la porte, dite *Grüszthor;* et celle de Sainte-Elisabeth, attenante à la léproserie, ou *Gutleutkirche.* —

[1]. M. l'abbé Gyss.

La chapelle de Saint-Vendelin, dans la *Mertzgasse*; et celle de la Vierge, dite *Stangenkapelle*, en dehors du faubourg. — La chapelle de Sainte-Catherine bâtie sur la montagne par un prêtre nommé Simon Weck. — La *Becklerskirche* sur la route de Bœrsch, fondée par Luc Beckler et terminée par Laurent Roller. De toutes ces nombreuses fondations il ne resta après la Réforme que la Kapellkirche et la chapelle de l'hospice. On reconstruisit les chapelles de Sainte-Catherine et Sainte-Elisabeth auxquelles vinrent s'adjoindre celles de Saint-Gangolf et du Calvaire, et l'église des Capucins. Parmi les fondations pieuses ou charitables, mentionnons encore les aumônes fondées sous le nom de *Sant-Gottesbruderschaft, Sebastianibruderschaft, Fronfastenalmosen,* le *Peter-Heldungszinze* ou dotation aux filles pauvres; le sermon dominical de l'après-midi, fondé en 1459, moyennant une rente annuelle de 5 livres deniers sur laquelle le prédicateur prélevait un schilling pour chaque sermon; enfin, la confrérie de la Ste Vierge érigée en 1597 et confiée d'abord à la direction des Jésuites de Molsheim, puis à celle des Franciscains d'Ell, près de Benfeld. — Avant de quitter Obernai, il nous faut cependant dire un mot de son attitude pendant les troubles de la Réforme. Celle-ci y cueillit un fruit précoce. Dès l'année 1522, le chapelain de l'hospice, Luc Hackfurth, renonça à sa Foi et au célibat. Le magistrat l'expulsa de la ville et fit emprisonner trois ou quatre de ses partisans. Deux ans après le docteur Thomas Murner, gardien des franciscains de Strasbourg et intrépide champion du catholicisme, vint chercher un refuge dans Obernai, sa ville natale. Les Rustauds campés près de là demandèrent qu'on leur livrât Murner; mais il sut échapper à leur haine, et quelques années après, il revint à Obernai où il exerça avec zèle les fonctions de curé de Saint-Jean jusqu'en 1536, année de sa mort. Son exemple avait fait oublier le scandale du chapelain, et il ne fut pas sans exercer une sérieuse influence au milieu de ses compatriotes. Cependant les idées nouvelles recommencèrent à germer dans une certaine partie de la population, et le magistrat ne s'y montrait pas hostile. Des conflits, qui surgirent entre Obernai d'une part et, le château d'Oberkirch et la ville de Strasbourg d'autre part, provoquèrent une réaction dans l'état des esprits. En s'efforçant de maintenir son indépendance et son intégrité territoriale contre les empiétements et les immixtions de l'un et de l'autre, Obernai se défendait du même coup contre la propagande religieuse qui lui venait des Oberkirch et de la ville de Strasbourg; ainsi le protestantisme fut écarté du berceau de Ste Odile. Près du château d'Oberkirch que nous venons de mentionner, se trouvait l'église de Saint-Jean, paroisse de l'ancien village d'Oberlinden qui fut incorporé vers le XIIIe siècle à la ville d'Obernai. Cette paroisse formait un rectorat avec primissariat, elle était au patronage des seigneurs d'Oberkirch et elle fut desservie jusqu'en l'année 1547. Abandonnée pendant quelque temps, elle fut reprise par le seigneur voisin qui en fit le foyer de la propagande religieuse. Sigfrid d'Oberkirch, ou plutôt, sa femme Marguerite de Vehningen, y installa en 1570 un ministre protestant, Paul Soldinus de Gemmingen, auquel succéda le fougueux Daniel Schad. Celui-ci trouva un rude adversaire dans

Théodore Cornelius Gaudanus, curé d'Obernai. La lutte fut chaude entre le curé et le pasteur, la ville et le château : Strasbourg s'en mêla, les villes protestantes de la Décapole intervinrent; mais le magistrat d'Obernai, jaloux de son indépendance tint ferme et trouva un appui souverain dans l'empereur Rodolphe II. Dans le courant de l'année 1590 le pasteur Schad se décida de quitter son poste. Cependant l'église de Saint-Jean ne fut rendue au culte catholique qu'en 1741 lors de l'abjuration de Jean-Wolfgang d'Oberkirch

Notre statistique fait encore mention des villages détruits de Finhey et d'Ingmarsheim, tous deux incorporés à la ville d'Obernai. Le premier n'existait plus au XVe siècle, mais son église paroissiale ne fut démolie que durant le XVIIe siècle. Gunther de *Vihengege* ou *Vinhege*, frère de Herrade de Landsperg, emprunta son nom à ce village dont il aurait été le seigneur. — Le second village Ingmarsheim, *Igesmarshaim* en 803, était situé entre Obernai et Bischofsheim. Il figure dans la bulle de S. Léon parmi les biens de Hohenburg, qui y possédait une cour, la dîme et le patronage de l'église paroissiale dédiée à S. Gall. L'abbaye de Liépvre y avait aussi une colonge. Les titulaires de l'église d'Ingmarsheim continuent de figurer après l'abandon du village, jusqu'en 1542. Quant à l'église elle-même, elle subsistait encore vers la fin du XVIIe siècle : son clocher, ainsi que celui de Finhey, servait aux vigies pour les temps de guerre.

Maintenant prenons congé de la patrie du *minnesinger* Gœsli et de Rumpler, le *chanoine errant qui ne vit plus, mais dont les excentricités littéraires sont encore très-*

recherchées par les collectionneurs d'Alsatiques. Nous ne voulons pas oublier notre excellent Guide, auquel nous devons tout l'intérêt que peut offrir cette note.

— OTTROTT tiendrait son nom d'un seigneur, appelé Otton, qui vint s'établir dans ces parages alors incultes. *Ottenrode* figure dans le Testament apocryphe de Ste Odile parmi les biens de l'abbaye de Niedermünster. Celle-ci possédait dans l'un et l'autre village le droit de patronage; cependant les deux Ottrott n'apparaissent séparément que dans les titres du XIIIe siècle, le village supérieur appartenant à l'Église de Strasbourg et le village inférieur aux seigneurs de Rathsamhausen. La chapelle ou église de Saint-Nicolas d'Ottrott-le-Bas relevait de temps immémorial de l'église d'Obernai. L'abbesse de Niedermünster s'était engagée en 1451 à y faire célébrer la sainte messe deux fois par semaine, et le clergé d'Obernai y faisait le service aux quatre principales fêtes de l'année. Mais après la Réforme ce service fut supprimé et les habitants du village furent obligés de se rendre aux offices de la paroisse. Ce pénible état de choses dura jusqu'en 1656 où il fut arrêté qu'Ottrott-le-Bas serait détaché d'Obernai pour être annexé à l'église d'Ottrott-le-Haut. — Saint-Nabor doit son nom aux reliques de ce saint que Chrodegang, évêque de Metz, apporta de Rome et transféra dans cette église, qui figure dans le Testament de Ste Odile à l'abbaye de Niedermünster, et qui était la mère-église d'Ottrott.

— Voici le sentier qui de Saint-Nabor conduit à Saint-Gorgon, à Niedermünster, au mont Saint-Odile. Ce sentier, prenez-le, joyeux touristes ou dévots pèlerins, pendant que de mon côté je chemine en toute hâte vers l'ancienne ville impériale de Rosheim.

— La jolie petite ville a conservé en grande partie son vieux mur d'enceinte avec ses tours, ses portes intérieures qui la divisent en trois parties, ses deux églises, surtout la remarquable église de Saint-Pierre et de Saint-Paul qu'on ne se lasse pas d'admirer. Rosheim appelé dans les anciens titres *Rodasheim*, *Rodisheim*, *Rotsem*, figure dans un diplôme apocryphe de Louis-le-Débonnaire parmi les biens de la donation Athic à l'abbaye de Hohenbourg. Celle-ci y possédait en effet une cour salique, dite *Guotenhusen*, à laquelle se rattachaient des droits très-étendus, ainsi que nous le fait connaître la constitution de cette colonge, publiée par M. l'abbé Hanauer. Sous les Hohenstauffen, la juridiction ducale se substitua à la juridiction abbatiale; Rosheim devint une ville et entra dans la Confédération décapolitaine, dans laquelle elle occupa le septième rang. La guerre et l'incendie lui causèrent de grands dommages; les chroniqueurs signalent entre autres l'incendie qui eut lieu en 1385, et le carnage que Mansfeld ordonna en 1622 pour laver le surnom de bâtard qui lui avait été donné.

Herzog dans sa chronique rapporte ainsi le terrible incendie. « *Anno 1385 auff S. Adolffstag da hett ein kind zu Rosheim ein Fewer geholet in einem andern Hauss, unnd als das kind über den Weg gienge, da empfiehle ihme das Fewer inn das Strohe, unnd gienge die Statt davon an, und verbrandt mit einander, das kaum dreissig Haüser belieben, es verbrant auch die kirch mit den Glocken, unnd die Türme was von Holzwerk darinnen war, das Fewer war so gross unnd schnell, dass viel Leut bei zeiten nicht entrinnen mochten, und wol achtzig Menschen verbranten, die andern in der Statt fielen über die Mauren um die Graben, dann die Brück über das Wasser verbrant auch, und wurde das Wasser, so durch die Statt fleisst so heiss das niemandt dadurch watten konte, die Brunnen und das Erdreich wurden auch so hitzig, dass man sie nicht schöpffen dorffte.* »

— Il y avait à Rosheim deux églises paroissiales, dont l'une à la collation du grand-chapitre et l'autre à celle de l'abbaye de Haute-Seille en Lorraine. Voici comme celle-ci obtint la jouissance de l'église de Saint-Pierre et Saint-Paul de Rosheim. Les parents de S. Léon IX fondèrent à Hesse entre Dabo et Sarrebourg une abbaye de femmes, leur petite fille Serberge en fut la première abbesse et Léon IX, leur fils, en consacra l'église. Dans la bulle que ce saint Pontife donna en 1050 en faveur de cette abbaye figurent *Torolnesheim, Dreheim* ou *Traenheim, Richenhofen*, et l'église inférieure de *Rodesheim* avec les trois quarts des dîmes. L'abbaye de Hesse échut dans la succession de la comtesse Gertrude à l'évêque de Strasbourg qui en investit les comtes de Linange. Étant tombée dans le relâchement et la disette, cette abbaye fut donnée successivement aux chanoines de Sarrebourg, aux augustins de Windesheim, enfin en 1576 aux bernardins de Haute-Seille. C'est ainsi que la dite abbaye obtint l'église inférieure de Rosheim avec la moitié des dîmes dans le ban de cette ville et dans celui de Rosheimweiler ou Rosenwiller. Ce village existait déjà comme paroisse au XIIIe siècle ; il appartenait à l'évêque et fut très-éprouvé par les guerres qui ne cessèrent de désoler la province dans les derniers siècles. Rosenwiller fut inféodé aux Rathsamhausen-zum-Stein qui ne contribuèrent pas à sa prospérité spirituelle. Pendant les troubles de la Réforme, le village était resté privé de secours religieux ; un chapelain de Rosheim y vint de temps à autre célébrer le saint sacrifice de la messe. L'évêque reprit son fief en 1582, mais le provisoire de la paroisse dura jusqu'en 1762 ; un chapelain de Saint-Pierre et Saint-Paul de Rosheim y fut alors nommé en qualité de vicaire résidant. — L'église de Rosenwiller est un lieu de pèlerinage qui était très-fréquenté avant la révolution ; le chœur et l'image miraculeuse de la Vierge offrent un intérêt sérieux à l'archéologue. Lisez dans le *Kirchen- und Schulblatt* de 1854 la notice que M. l'abbé Straub a consacrée à l'église et au pèlerinage de Rosenwiller.

— ROTHAU. Nous entrons dans le Ban-de-la-Roche ou *Steinthal* qui a pris son nom du rocher sur lequel s'élevait le château fort, détruit en 1471 par le comte de Salm et la ville de Strasbourg. Séparée de la vallée de Schirmech par la Rothaine, de la principauté de Salm par la Bruche, du territoire d'Obernai par le Champ-du-Feu, et confinant vers le midi au val de Villé, la seigneurie du Ban-de-la-Roche renfermait 8 villages partagés entre les deux paroisses de Rothau et de Waldersbach. Elle était un fief d'Empire appartenant pendant plusieurs siècles aux Rathsamhausen qui avaient emprunté au château la dénomination *e rupe, a lapide, zum stein*. En 1584 ils vendirent la seigneurie à Jean-George, comte palatin de Veldentz, moyennant 47000 florins.

Celui-ci y établit la Réforme et trouva un auxiliaire dans le curé apostat Papellier, qui sut mériter le renom d'un joyeux convive et d'un intrépide danseur. L'église de Rothau, une des deux paroisses protestantes du Ban-de-la-Roche, devint mi-partie en 1725. Le 22 mars de la dite année parut à Rothau le curé d'Obernai, Mathias Meyer, accompagné d'un Jésuite, *missionnaire royal* et délégué de l'évêque-suffragant de Strasbourg, à l'effet de prendre possession du chœur de l'église dont les protestants avaient été en jouissance depuis 180 ans. Le missionnaire vint à la tête d'une nombreuse procession qui s'était formée de tous les villages environnants. Les curés de Schirmeck, Haselach, Lützelhouse, Grendelbruch s'étaient rendus à Rothau. Ayant réclamé vainement les clefs de l'église, ils en firent ouvrir les portes par un serrurier. La consécration de l'église et du cimetière eut lieu avec grande solennité. Les communes voisines fournirent le mobilier et les ornements sacrés, et cela, dans une telle profusion, que sous ce rapport peu de paroisses étaient si bien établies que la nouvelle cure royale de Rothau. Ainsi raconte le pasteur Rœhrich. — Le village de Natzwiller était situé dans le bailliage de Schirmeck, mais dépendait de la cure de Rothau. Le 8 mai 1749 eut lieu la pose de la première pierre, et le 2 décembre de la même année, la bénédiction de l'église de Natzwiller. Parmi les témoins de cet acte figurent Renaud, curé à Grendelbruch ; Foccard, curé à Lützelhouse ; Trœstler, vicaire à Grendelbruch ; Henry, chanoine de l'ordre des Prémontrés ; et Valet qui s'intitule *« parochus totius vallis petrosæ, necnon pagi Nassevilleriani.* Cette dénomination figure dans le registre paroissial jusqu'en 1776; mais à partir de cette année le curé Herrenberger signe « *parochus in Rothau et filialis Natzwiller.* » C'était donc l'église de Natzwiller qui, après la Réforme, desservit les catholiques du Ban-de-la-Roche.

— Russ. Ce village ne comptait au commencement du XVIIIe siècle qu'une vingtaine de familles; il faisait partie avec Steinbach et Schwartzbach de la paroisse de Bærenbach. En l'année 1761, Russ fut érigé en cure. Le procès-verbal de l'érection porte entre autres, sous la signature de l'évêque d'Arath, ce qui suit : « et pour conserver conformément à la disposition des saints canons l'honneur et la reconnaissance due à l'ancienne mère-église de Bærenbach, ordonnons que deux habitants des trois villages de Russ, Schwartzbach et Steinbach, députés par les prévôts et préposés de ces lieux, présenteront et donneront pour et au nom de leurs communautés chaque année, le jour de son Patron, publiquement et pendant la grand'Messe, immédiatement après l'Offertoire, deux cierges de cire blanche, chacun d'un poids d'une demi-livre; assignons au nouveau curé de Russ et à ses successeurs en la dite cure, indépendamment du logement et jardin, pour compétence en grains, dix rézaux de froment, quinze de seigle, dix d'orge et quinze d'avoine, et trois cents livres tournois en argent; jouira en outre le dit curé de tous les droits d'Etole ainsi que du produit des anniversaires et autres pieuses fondations faites ou à faire dans l'église de Russ, et finalement du bien dotal ou revenu situé dans ce ban dont a joui jusqu'à présent le curé de Bærenbach; et pour pourvoir dès-à-présent la dite nouvelle cure d'un sujet capable et idoine nous y nommons... Mʳ Laurent Frédéric Petri, prêtre de ce diocèse. »

— Schirmeck tient son nom de la montagne, qui porte l'ancien château-fort et avance dans la vallée, comme pour barrer le chemin à l'ennemi de la petite ville qu'elle était destinée à couvrir et à protéger. L'évêque de Strasbourg acquit Schirmeck avec les biens qu'il hérita de la comtesse Gertrude de Dabo. Au XIVᵉ siècle, Jean Iᵉʳ bâtit le château et éleva le village au rang d'une petite ville forte. Un de ses successeurs, Jean III de Luxembourg, aliéna l'*oppidum* avec quelques autres localités de la vallée au comte de Salm, moyennant 12000 florins; et ce n'est qu'après des opérations multiples que Guillaume de Honstein parvint à racheter ce domaine de la main des engagistes. Schirmeck était une des sept préfectures ou chefs-lieux de bailliage du domaine épiscopal. La communauté percevait les dîmes à Schirmeck, Bærenbach, Wackenbach, Russ, Schwartzbach, Storbach et Natzwiller; et elle avait à sa charge deux presbytères, le chœur de quatre églises et la compétence des curés. Celle du curé de Schirmeck consistait en 12 sacs de froment, 12 de seigle, 10 d'orge, 80 d'avoine, une portion congrue de bois, 400 francs pour le vicaire et la jouissance de 25 arpents de biens paroissiaux. — Bærenbach figure parmi les biens que le comte Hugues donna en 974 à l'abbaye d'Altorf,... *ecclesiam Berbach cum appenditiis suis*. Cette église exerçait primitivement la juridiction paroissiale sur Schirmeck, et fut desservie pendant quelques siècles par les bénédictins d'Altorf. Ceux-ci abandonnèrent en 1660 les dîmes de Bærenbach à la communauté de Schirmeck; mais ils se maintinrent par un arrêt du conseil souverain de 1756 dans la jouissance du patronage que leur avait contesté l'évêque de Strasbourg. L'antique église de Bærenbach ne tarda pas à déchoir de son rang et fut placée sous la dépendance de l'église de Schirmeck. — Wackenbach qui formait au XIVe siècle deux villages, fut détaché de la paroisse de Wisches pour être de même annexé à celle de Schirmeck.—La chapelle de Storbach (Surebac 1068) appartenait au chapitre de Haselach.

CAPITULUM MONTIS FRATRUM.

Hujus Capituli Archipresbyter est Martinus Heim rector in Bischofsheim Canonicus collegiatæ sancti Leonardi.

Bischofsheim.	Krautergersheim.	Schirmeck.
Obernai.	Altorf.	Grendelbruch.
Bœrsch.	Griesheim.	Gressweyler.
Boftzheim.	Holtzheim.	Ottenrott.
Meistratzheim.	Dachstein.	

Catholicam Religionem excusserunt in hoc capitulo sex Parochiæ.

IX.

ARCHIPRÊTRÉ DE RHINAU.

Archiprêtre : Hænner, curé de Saasenheim.
1781 : Chanoine, curé de Herbsenheim.
1790 : Scheck, D. recteur de Rhinau.

Artolsheim. — Ég. p. de *S. Maurice.* Collateur : le pr. év. de Strasb., trois fois et la 4ᵐᵉ fois, l'abbé d'Ebersm. Curé : Breitel, 1785 Melsheim.
RICHTOLSHEIM. — Ég. de S. Arbogaste.
Baldenheim † R. — Ég. p. de *S. Blaise.* Coll. : le pr. év. de Strasb. Curé : Malterwein, 1781 Geiser.
OBER-RATHSAMHAUSEN.
MUTTERSHOLTZ †. — Ég. de S. Urbain.
NIEDER-RATHSAMHAUSEN. — Ehenweyer.
Bindern. — Ég. p. de *S. Udalric.* Coll. : le gr. prévôt de Strasb. Curé : Wipper, 1781 Gast.
Dieboltsheim. — Ég. p. de *S. Boniface.* Coll. : de Bock. Curé : Scheck.
Eschau. — Ég. p. de *S. Trophime.* Coll. : le grand-chapitre de Strasb. Curé : Agon, 1790 Ballet.
WIEBOLTSHEIM. — SCHATZENHOF. — JÆGERHOF.
Gerstheim † R. — Ég. p. de *S. Denis.* Coll. : le pr. év. de Strasb. Curé · Bootz, 1781 Weis.
OBENHEIM †. — Ég. de S. Remy.
Herbsenheim. — Ég. p. de Ste Barbe. Coll. : le grand-prévôt de Strasb. Curé : Chanoine.
ROSFELDEN. — Ég. de S. Vendelin.
Hiltzenheim. — Ég. p. de *S. Martin.* Coll. : l'abbé

d'Ebersmünster. Curé : Dom Maurice Steckinger, 1783 Pinelle.

Illkirch †R. — Ég. p. de *S. Symphorien*. Coll. : le pr. év. de Strasb. Curé : Bengel, 1780 Boehr. Graffenstaden.

NEUHOF. — Ch. de la B. V. Marie.

GAMBSAU.

Mussig. — Ég. p. de *S. Oswald*. Coll. : de Rathsamhausen. Curé : Sichler, 1789 Streicher.

BREITENHEIM, dét. — Ch. de S. Michel.

SCHNELLENBÜHL, dét. — Ch. de S. Ignace.

Neunkirch. — Ég. de la *Nativité de la B. V. Marie*. Coll. : le pr. év. de Strasb. Curé : Kœnig.

WITTERNHEIM. — Ég. de S. Sébastien.

ZELSENHEIM.

FRIESENHEIM. — Ég. de S. Nicolas.

Plobsheim †. — Ég. p. de *S. Pierre*. Coll. : le pr. év. de Strasb. Curé : Dietrich, 1784 Litaize. — Ch. de la B. V. Marie-au-Chêne.

Rhinau. — Ég. p. de *S. Michel*. Coll. : le pr. év. de Strasb. Curé : Scheck. — Ch. de Ste Élisabeth.

DAUBENSAND.

BOFFZHEIM †. — Ég. de S. Étienne.

Saasenheim. — Ég. p. de *S. Jean-Baptiste*. Coll. : le seigneur de Schœnau. Curé : Hænner, 1781 Burkard. — Ch. de S. Jean-Nép., au château.

SCHŒNAU. — Ég de S. Oswald.

SUNDHAUSEN †. — Ég. de S. Martin.

LINCKENHEIM, dét. — Ch. de S. Antoine de Padoue.

Schwabsheim. — Ég. p. de *S.-Jacques-le-Majeur*. Coll. : l'abbesse pr. d'Andlau. Curé : Meyer.

BOLSENBIESEN. — Ég. de S. Sébastien, *olim* par.

NIFFERN. dét. — Ch. de Ste Catherine.

Wittisheim. — Ég. par. de *S. Blaise*. Coll. : l'abbé d'Ebersmünster. Curé : le P. Déodat Muller, 1783 Anstett, 1788 Dietrich.

Dans le chapitre rural de Rhinau il y avait 16 paroisses

catholiques, 26 églises, 8 chapelles et 8 églises mixtes, dont 4 ont perdu le simultaneum, savoir : Neuhof en 1846, Bofzheim en 1862, Illkirch en 1865 et Gerstheim en 1869. Les annexes suivantes ont été érigées en paroisses, au commencement du siècle : Friesenheim, Neuhof, Muttersholtz, Rossfeld et Schœnau. L'érection de la succursale de Witternheim date de 1847, et celle d'Obenheim de 1861.

Familles cath. 1318, — prot. 798, — isr. 63.

Olim : Eschau. — Abbaye de chanoinesses.
Rhinau. — Collégiale.

VARIA.

Artolsheim, fief de l'évêché dépendant au XIe siècle de l'église de Sainte-Croix de Woffenheim, est cité dans le diplôme apocryphe de Louis-le-Débonnaire à l'abbaye d'Ebersmünster ; « *In Artovelsheim curtis dominica cum omnibus pertinentis suis, bannus totaliter cum omni utilitate.* » Au siècle dernier l'évêché et l'abbaye y exerçaient le droit de patronage et le curé possédait la moitié des dîmes.

— BALDENHEIM figure en 817 dans le diplôme précité. Ce village relevait primitivement du comté de Horbourg dont héritèrent en 1324 les ducs de Würtemberg. D'abord annexés à la communauté de Müttersholtz, les protestants de Baldenheim obtinrent en 1684 un ministre particulier, et en 1749 les catholiques reprirent possession du chœur de l'église. Avant la Réforme il y avait à Baldenheim un rectorat, un plébanat et une prémissairie ; de plus, un bénéfice dans la chapelle de Saint-Oswald. — Nous voici en pleins domaines des seigneurs de Rathsamhausen : famille noble très-ancienne, dont une branche portait la dénomination *zum-Stein*, une autre, celle d'*Ehenweyer*. On sait que Jean Gaspard et Jacques d'Ehenweyer abjurèrent le catholicisme en 1576, et qu'ils entraînèrent avec eux les localités de leur seigneurie. Müttersholz qui leur appartenait était originairement, d'après la tradition, un bois consacré à quelque divinité païenne. Ce village est mentionné en 817 parmi les possessions de l'abbaye d'Ebersmünster : « *In Mueterholz curtis dominica, salica terra cum decimis suis ; medictas banni in ipsam curtim pertinet.* » En 1402 le pape Boniface incorpora la cure de Müttersholz à l'abbaye d'Ebersmünster, et le rectorat fut converti en vicariat perpétuel. L'église de Müttersholtz livrée en 1576 à la Réforme, devint mi-partie en 1687 ; l'abbé d'Ebersmünster avait conservé le droit de nomination à la cure protestante. — Ehenweyer, *Azolveswilre* 824, formait avec Mütterholz, Eschau, Wibolsheim et les châteaux de Rathsamhausen, un fief de la maison de Lichtenberg, dont furent investis en 1367 les seigneurs d'Ehenweyer. Il y avait avant la Réforme dans ce village une cure-rectorat à la collation de l'abbé d'Ebersmünster, mais dans la statistique diocésaine nous n'avons plus trouvé trace ni d'église, ni de chapelle.

— Bindern était un village commun à l'évêché et à l'abbaye d'Ebersmünster. Celle-ci possédait déjà en 817 « *Capellam in Birenheim cum decimis ipsius ville.* »

— Diebolsheim. En l'an 803 Thibaut, Abbé d'Ebersmünster, concéda au couvent de Fulde des biens situés dans *Dubileshaim* et *Friesenhaim*. Dans une charte de

1105 il est question d'un Walther de *Tubelsheim*, qui donne à l'église de Sainte-Foi de Schlestadt tout ce qu'il possède dans son village. Enfin, les Annales de Colmar font mention en 1281 d'une religieuse de *Tubilzheim* qui se rendit à *Cazinthal*. Les d'Andlau furent à partir de 1422 les seigneurs de ce village.

— Eschau est ancien. En 778 l'évêque Remy institua Notre-Dame de Strasbourg son héritière, en lui léguant tout ce qu'il possédait *in insula que vocatur Hasegaugia* (*Eschau*), *super fluvium illa, et est ipsa insula in marcha Blabodsaime* (*Blobsheim*), *et in marcha Quibilisheime*, (*Wibolsheim*). Nous reviendrons à cette pieuse charte testamentaire lorsqu'il sera question du couvent d'Eschau. Celui-ci ayant été supprimé au XVI° siècle, ses biens firent retour à l'évêché et parvinrent au grand-chapitre qui, en sa qualité de patron de l'église, possédait les dîmes dont il abandonna la moitié au curé. — Wibolsheim déjà cité, figure en 845 dans le diplôme de l'empereur Lothaire à l'abbaye de Saint-Étienne. Ce village fut inféodé aux Rathsamhausen d'Ehenweyer dont une branche prit le nom de Wibolsheim. C'est de cette branche que naquit Frédéric-Casimir prince abbé de Murbach, dont le père Wolfgang Théodoric avait abjuré le protestantisme. Plusieurs plumes ecclésiastiques se sont exercées à décrire la sainte vie de Frédéric-Casimir de Ratsamhausen, une des gloires les plus pures de l'église d'Alsace.

— Gerstheim est une *villa* romaine : les *tumuli* et le bas-relief de Glabro dont Schœpflin nous a laissé le dessin, en sont une preuve. L'abbesse Bertha fit don de *Gersheim*, à l'abbaye de Hohenburg, ainsi que le rapporte la bulle de S. Léon IX ; et l'évêque Hetzel céda au couvent d'Eschau des biens situés à *Gerhbodesheim*. Ce village et celui d'Obenheim furent protestantisés par les Marx d'Eckwersheim et les Bock, l'un en 1545, et l'autre en 1574. Les catholiques de Gerstheim et d'Obenheim prirent possession en 1685 du chœur de leurs églises.

— HILTZENHEIM. La chronique d'Ebersmünster désigne *Hilʒen* comme emplacement du château d'Ertburg érigé par Jules-César. Cette assertion ne possède aucun fondement historique. Cependant Hiltzen est une ancienne *villa* royale ; Thierry III la concéda en 684 à l'abbaye d'Ebersmünster qui y conserva jusqu'à la révolution une cour, les dîmes et le patronage de l'église.

— ILLKIRCH est un très-ancien village que l'évêque Remy mentionne en 778 dans son Testament sous le nom d'*Illekirchen*. Il doit évidemment son nom à sa primitive église située sur l'Ill. Les abbayes d'Ebersmünster, de Hohenburg, de Saint-Etienne, d'Eschau, les chapitres de la cathédrale et de Saint-Léonard, et l'hôpital de Strasbourg possédaient tous des biens dans la banlieue d'Illkirch. Fief impérial, ce village fut engagé en 1283 avec Graffenstaden et Illwickersheim à Nicolas de Zorn, et au XVe siècle il parvint à la ville de Strasbourg. Celle-ci y introduisit de bonne heure la Réforme, malgré l'opposition d'Étienne de Kageneck qui y exerçait quelques droits, et elle obligea le grand chœur, décimateur d'Illkirch, de céder la moitié des dîmes pour la compétence du ministre chargé de prêcher dans le village le *Dieu de la ville*. Voici quelques doléances que firent en 1535 les inspecteurs

consistoriaux au sujet d'Illkirch : « *Würt geklagt dass der Sontag nit gehalten wirt, um mancherley wysse. Erstlich. Ein scherer sol die buren under der predig nit scheren. — Ein metziger von Eschaw hawet under der predig fleisch uss. — Das etliche von der herrschafft, zur zit der predig, beissen und jagen, Auch das, villicht durch etliche münch messen gehalten werden wider myner Herrn verbott. — So lauf das jung volk anderss wohin zu tantzen an bäpstliche Ort mit ergernüss derselbigen. Der pfarrer klagt über ein unordnung bim Nachtmal, das bitzher der Schulths oder andern leyen, den kelch usstheilten, begert das solchs gebessert werde.* » Rœrich, T. I, p. 363.
— Avant la réforme il y avait à Illkirch une cure-rectorat, un plébanat, une prémissairie et les deux chapellenies d'Illwickersheim et de Graffenstaden. Le 22 août 1760, Illkirch qui avait été jusqu'alors désservi par le curé d'Illwickersheim, fut érigé en cure royale, et les catholiques de Neuhof, Klebsau et Gambsau furent détachés de la paroisse de Saint-Laurent et annexés à l'église d'Illkirch. — Le Neuhof servait autrefois de lit au Rhin. Les Jésuites y établirent une métairie, avec une chapelle qui, devenue paroisse en 1803, fut agrandie en 1809 et remplacée, il y a quelques années, par une nouvelle église élevée aux frais de la ville. La paroisse protestante ne date que de 1851.

— Mussig et Breitenheim étaient des fiefs de la maison d'Autriche, situés dans la seigneurie de Rappolstein et sous le bailliage de Guémar. Au XV⁰ siècle, Breitenheim n'était déjà plus qu'un corps de ferme avec une chapelle qui appartenait à l'église de Coire, ainsi que nous l'apprend un diplôme d'Otton-le-Grand.

— Neunkirch, église-mère de Friesenheim et de Witternheim, fut incorporé en 1425 à l'hospice de Molsheim et parvint plus tard aux Jésuites de cette ville. Ceux-ci en confièrent la desserte au curé de Diebolsheim; mais à partir de l'année 1702 ils se chargèrent eux-mêmes d'administrer la paroisse, et lorsque la compagnie fut supprimée, le père Kœnig demeura à Neunkirch en qualité de curé. On connaît la légende du pélerinage de Neunkirch, le concours de fidèles qui n'a cessé de s'y produire, le touchant épisode de la Terreur qui se rattache à la statue miraculeuse et à l'abbé Hürstel : toutes choses relatées dans le livre du vicomte de Bussière ; « *Culte et pèlerinage de la T. S. Vierge.* »

— Plobsheim, *in marca Blabodsaime 778*, était un fief de l'empire qui parvint en 1414 à la famille de Zorn. La branche dite de Plobsheim établit en 1570 le protestantisme dans ce village. — Non loin de Plobsheim, dans la forêt de Thumenau, s'élève la chapelle de Notre Dame-du-Chêne, bâtie en 1147 par Adam de Zorn. Au rapport de Herzog, cet endroit était un bois sacré où les Druides offraient leurs sacrifices. Il devint un lieu de pèlerinage très-fréquenté; la tribu des boulangers de Strasbourg s'y rendait autrefois, chaque année, avec bannières déployées.

— Rheinau ou Rhinau apparaît au commencement du XIIIe siècle, parmi les villes fortes du domaine épiscopal. En 1290 Conrad de Lichtenberg transféra le chapitre de Honau *ad locum oppidi Rynouwe*. Mais ici les chanoines ne furent pas plus à l'abri des vexations du Rhin qu'ils ne l'avaient été a Honau ; aussi de guerre las, ils s'établirent en 1398 à Saint-Pierre-le-Vieux de

Strasbourg. Bien leur en prit, car au XVIe siècle, le *seigneur fluvial* dans un de ses moments de boutade emporta sa vassale, la ville de Rhinau, et obligea les habitants de s'établir à une distance plus respectueuse. Rhinau vit naître au XIVe siècle Jacques de Hochstatt ou d'Alto-Villa, le commentateur du livre des Sentences. Mais sa gloire est d'avoir donné le jour et le nom à l'une des plus grandes illustrations d'Alsace : Beatus Rhenanus est né à Rhinau en 1485; son père s'appelait Antoine Bild, et sa mère Barbe Kegel.

— Boffzheim relevait de l'abbaye de Saint-Etienne ; il fut engagé aux Mueg dont il devint au XVIe siècle la propriété. Sébastien Mueg, stettmeistre de Strasbourg, y établit en 1545 la Réforme. En 1687 les catholiques de Boffzheim obtinrent de nouveau une place dans l'église et furent annexés à la cure de Rhinau, et en 1694 ils rentrèrent en possession de leurs biens de Fabrique.

— Saasenheim est appelé en 739 *Saxinhain* dans un titre de l'abbaye de Wissembourg, *Saxones* en 778 dans une charte de Sigfrid en faveur de l'abbaye de Saint-Grégoire, et *Saselsheim* dans la bulle de S. Léon IX au monastère de Hohenburg. Ce village ainsi que Schœnau étaient deux fiefs de la seigneurie de Rappolstein, appartenant aux nobles de Schœnau. Sundhausen, fief de la maison de Wurtemberg, devint paroisse protestante en 1601, et en 1687 le chœur fut rendu au culte catholique.

— Schwabsheim appartenait à l'évêque de Strasbourg. L'abbaye d'Ebersmünster y possédait une cour que lui avait donné un noble de Souabe, nommé Lanzon. En 953, l'empereur Otton rendit à l'église de Coire entre autres biens, *in pago Elisacia, ecclesiam Schwabesheim cum suis subsistentibus.* — Bœsenbiesheim était un ancien fief du comté de Horbourg que le duc George de Würtemberg concéda aux Rathsamhausen d'Ehnweyer. Il y avait dans ce village une église paroissiale dont le titre fut supprimé en 1769. — Niffern, village détruit au XVIe siècle, figure dans plusieurs titres de l'abbaye d'Ebersmünster. « *Capella... ecclesia Niveratesheim, 817 et 829.* » La chapellenie de Sainte-Catherine fut unie en 1503 à l'abbaye d'Ebersmünster.

— Wittisheim, *vulgo Witzen*, est mentionné en 818 dans le diplôme apocryphe de Louis-le-Débonnaire, parmi les biens d'Ebersmünster : « *in Witenesheim curtis dominica cum omnibus pertinenciis suis, salica terra cum decimis suis, ecclesia cum decimis suis. Bannus cum omni dominio.* » L'abbé y partageait les dîmes avec le curé. La comtesse Hildegarde avait donné au monastère de Sainte-Foi quelques biens situés à Wittisheim. Son fils Otton, évêque de Strasbourg, « pour mettre l'église de Sainte-Foi à l'abri de toutes recherches relatives à ses biens, donna la somme de cinq livres, argent de Strasbourg, à un certain Godefroi, qui élevait des prétentions sur le bien de Wittisheim. Godefroi y renonça en jetant de sa main un fétu de paille, suivant les lois qui étaient alors en usage. » Grandidier, œuvres inédites, T. II, pag. 153.

CAPITULUM RURALE RHEINAV.

Hujus Capituli Archipresbyter est Joannes Walther Rector in Herbsheim.

Rheinau.	Diebolsheim.	Saasenheim.
Herbsheim.	Hilsenheim.	Artolsheim. Mussig.

Defecerunt a fide circiter 9.

X.

ARCHIPRÊTRÉ DE SCHLESTADT.

Archiprêtre : Draycott, curé de Weiler ou Villé ;
1790 : Zœpffel, D., recteur de Dambach.

Saint-Blaise ou Helmansgereuth. — Ég. p. de *S. Blaise*. Collateur : le seigneur d'Andlau. Curé : Derché, 1785 Guntz.

BLANCHERUPT OU BLIENSBACH.

Breitenbach. — Ég. p. de *S. Gall*. Coll. : l'abbesse pr. d'Andlau. Curé : Arbogaste, 1784 Stemm.

HOHWALD, forêt.

Colroy-la-Roche ou Gallerey. — Ég. p. de *S. Nicolas*. Coll. : l'abbesse pr. d'Andlau. Curé : Henry.

RANRUPT OU ROSCHBACH. — Ég. de S. Vincent.

FONRUPT OU FUNBACH. — SALSEY OU SALTZHEIM. — STAMPEMONT OU STEMBERG.

Dieffenbach, vic. rés. — Ég. de *S. Laurent*. Coll. : le curé de Neuve-Église. Curé : Karst.

HIRTZELBACH OU ASCHERNBACH. — NEUFBOIS OU KRÜTH.

Dambach. — Ég. p. de *S. Étienne*. Coll. : l'hôpital bourgeois de Strasb. Curé : Zœpffel. — Primissariat.

ALTENWEILER, dét.

OBERKIRCH, dét. — Ég. de S. Sébastien, *olim* paroiss. — Ch. de S. Jacques-le-Majeur et hôpital. — Ch. de S. Jean-Baptiste. — Ch. de l'Assomption.

Ebersheim. — Ég. p. de *S. Martin*. Coll. : le grand-chapitre de Strasb. Curé : Schneider.

ILL.

Fouchy ou Grube. — Ég. p. de *S. Jean-Baptiste.* Coll. : l'abbesse pr. d'Andlau. Curé : Nauert.

Breitenau, une partie.

Hohwart. — Ég. p. de *S. Gilles.* Coll. : le grand-chapitre de Strasb. Curé : de la Scheere, 1780 Fanget.

Saint-Pierre-aux-Bois ou Petersholtz.

Kestenholtz ou Châtenois. — Ég. p. de *S. George.* Coll. : le grand-chapitre de Strasb. Curé : Keifflin. — Ch. de la Croix. — Ch. de Ste Anne.

Wantzelle. — Administrateur : le curé de Lièpvre.

Kintzheim. — Ég. p. de *S. Martin.* Coll. : le chapitre de S. Léonard. Curé : Moppert. — Ch. de S. Oswald. — Ch. de S. Jacques, au château.

Sainte-Marie-aux-Mines ou Marckirch, par. de S. Louis. — Ég. p. de *S. Louis.* Coll. : le prince Max de Deux-Ponts. Curé : Ingold.

Fertru ou Fordelbach. — Saint-Blaise. — Eschberg ou Eschery. — Ég. de SS. Pierre et Paul.

Raventhal. — Petit-Lièpvre ou Klein Leberau.

Saint-Martin. — Ég. p. de *S. Martin.* Coll. : l'abbesse pr. d'Andlau. Curé : Guntz, 1785 Dietrich.

Meissengott. — Ch. de S. Antoine, eremite.

Steige. — Ég. de Ste Madeleine.

Guirligotte et Wagenbach.

Neuve-Église ou Neukirch. — Ég p. de *S. Nicolas.* Coll. : le grand-chapitre de Strasb. Curé : Miller, 1788 Stachler.

Saint-Maurice ou Sanct-Moritz. — Ég. de S. Maurice

Breitenau, une partie.

Orbeis. vic. rés. — Ég. de *S. Nicolas.* Coll. : le pr. év. de Strasb. Curé : Galleto.

Orschweiler. — Ég. p. de *S. Maurice.* Coll. : le grand-prévôt de Strasb. Curé : Schaal. — Ch. de S. Joseph.

Saales ou Seel. — Ég. de *S. Barthélemy.* Coll. : de Choiseul-Meuse. Curé : Schillinger.

Bruche. — Ég. p. de S. Pierre.

Levreuil.

Le Hang. — Ch. de S. Laurent.
Scherweller. — Ég. p. de *SS. Pierre et Paul*. Coll. : le grand-chapitre de Str. et l'abbesse d'Andlau alternativement. Curé : Fuchs, 1785 Muller. — Ch. de S. Wolfgang.
Dieffenthal. — Ég. de S. Michel.
Schlestadt. — Ég. p. de *S. George*. Coll. : le magistrat de Schlestadt. Curé : Diell. — Chapelains : Hemmerlé, Bremy, Weisrock. — Trois chapellenies dans l'église par. — Ég. de la commanderie de S. Jean. — Ég. de Ste-Foi. — Ég. des dominicaines. — Ég. des récollets. — Ég. des capucins. — Ég. des dominicaines. — Ch. de l'hôpital civil. — Ch. de l'hôpital militaire. — Ch. de S. Michel. — Ch. de Notre-Dame-des-Neiges. — Ch. de Ste Anne.
Villé ou Weiler. — Ég. p. de l'*Assomption*. Coll. : l'abbesse pr. d'Andlau. Curé : Draycott, 1784 Klein. — Primissariat dans l'ég. paroissiale.
Triembach. — Ch. de S. Christophore.
Charpe ou Mittelscher.
Lalay ou Lach. — Ch. de Ste Aurélie.
Bassenberg. — Ch. de S. Quirin.
Cet archiprêtré comprenait en outre les cinq paroisses suivantes, situées en Lorraine, dans le bailliage de Saint-Dié.
Sainte-Croix. — Ég. p. de *S. Nicolas*. Coll. : le primat de Nancy. Curé : Schaal.
Petit-Rombach. — Ch. de S. Antoine l'ermite.
Grand-Rombach.
Saint-Hippolyte ou Sanct-Pilt. — Ég. p. de *S. Hippolyte*. Coll. : le primat de Nancy. Curé : Lorentz. — Primissariat dans l'ég. par. — Ch. de S. Jacques, à l'hospice. — Ch. de S. Vendelin. — Ch. de la Croix.
Lièpvre ou Leberau. — Ég. p. de l'*Assomption*. Coll. : le primat de Nancy. Curé : Mosser.
Allemand-Rombach. — Ég. de Ste-Rosalie.
Mussloch. — La Hingrie.

Sainte-Marie-aux-Mines, par. de Sainte-Marie-Madeleine. — Ég. p. de *Ste-Marie-Madeleine*. Coll. : le primat de Nancy. Curé : Claude, 1789 Cornette. — Ch. de S. Mathieu.

Tanviller. — Ég. p. de *S. Jacques*. Coll. : de Lort de St-Victor, 1788 de Dartein. — Curé : Marchal. — Ch. dom. au château.

L'archiprêtré de Schlestadt présente donc un total de 24 paroisses catholiques avec 41 églises et 26 chapelles, 1 église mixte, 2 paroisses protestantes et 3 temples, 1 paroisse calviniste et 2 synagogues.

Les églises suivantes ont été érigées en paroisses dès le commencement du siècle: Erlenbach, Lalaye, Meissengott, Ranrupt, Steige, Triembach, Urbeis, et Saales qui devint une cure de canton ; Saint-Maurice en 1843, la Vanzelle en 1860, Neubois en 1862, et Blancherupt en 1866.

Familles cath. 6025, — prot. 189, — calv. 276, — isr. 41.

Schlestadt. — Dominicains, 10 relig. ; *Prieur :* le P. Vincent Romer. — 30 Capucins ; *Gardien :* le P. Prudence d'Obernai. — 24 Récollets ; *Gardien :* le P. Stemmelé. — Commanderie de Saint-Jean, 2 prêtres ; *Abbé-Commandeur :* Fr. Ig. Schneider. — Dominicaines ; Prieure : Marie-Jeanne Scherb.

Sainte-marie-aux-mines, en Lorraine. — Couvent de 15 Franciscains.

Olim : Dieffenbach. — Couvent de femmes.
Dambach. — Couvent de guillelmites.
Hohwarth. — Prieuré.
Honcourt. — Abbaye.
Schlestadt. — Prévôté.
Eschery. — Prieuré.
Liépvre. — Prieuré.
S.-Hippolyte. — Prieuré.
} de l'ordre de S. Benoît.

VARIA.

— SAINT-BLAISE ou *Helmansgereuth*, *Helmgerith*, *Hildesgereuth*, était avec son annexe Blancherupt ou *Plancanrup*, *Bliensbach*, un fief oblat de l'église de Strasbourg que les Rathsamhausen-zum-Stein cédèrent en 1604 pour 8000 livres à Rodolphe, baron de Bollwiller. Les comtes de Fugger, héritiers des Bollwiller, obtinrent ce fief en 1622, et le sous-engagèrent en 1659 aux seigneurs d'Andlau, qui jouirent ainsi dans les deux villages du droit seigneurial, de la dîme et du patronage de la cure.

— BREITENBACH est un grand village qui appartenait primitivement à l'abbaye voisine de Honcourt, ainsi qu'il est rapporté en 1120 dans une bulle de Callixte II. Après l'incorporation de Honcourt à l'abbaye d'Andlau, celle-ci obtint la collation de la cure-rectorat de Breitenbach. L'abbaye de Moyenmoutier y avait aussi des biens, puisque dans un titre de 1601 le seigneur d'Andlau déclare que les droits qu'il avait sur *Brechtenbach*, avaient été cédés à ses ancêtres par l'abbaye de Moyenmoutier.— Le Hohwald, déjà cité en 1269 dans un titre de l'évêque Henri « *Sylva que dicitur Hochwald*, » était une propriété commune à l'évêque de Strasbourg et au comte de Choiseul-Meuse, seigneur de Villé.

— COLROY-LA-ROCHE signifie selon Schœpflin colline royale. Sa dénomination *de la Roche* lui vient du château voisin des Rathsamhausen-zum-Stein et sert à le distinguer d'un autre village peu éloigné, appelé Colroy-la-Grande. Dans la chronique de Senones, il est fait mention de Colroy, Ranrupt et Stampemont sous les noms de *Conretum, Ranrumper* et *Samdoimont*. Le village de Ranrupt ou Roschbach figure parmi les biens que le comte Wernher donna à l'abbaye de Honcourt qu'il avait fondée : « *allodium in Regenesbach cum capella suisque attinentiis.* » L'abbaye d'Andlau hérita de Honcourt le droit de patronage de la cure de Colroy. Il y avait dans cette paroisse une conférie du Saint-Sacrement érigée en 1692.

— Nous voici au milieu du gracieux Val-de-Villé que le ruisseau de la Scheer ou le Giessen divise en deux parties. Le côté septentrional forme proprement le Weilerthal, tandis que la partie méridionale a toujours été appelée le *Comte-Ban ou Grafen-Bann*. Le château de Frankenbourg, qui était le chef-lieu du district, appartenait aux comtes de Werd, landgraves d'Alsace; les comtes d'OEtingen le vendirent en 1359 à l'évêque de Strasbourg. « *Frankenberg die burg,* est-il dit dans l'acte de vente, *item die dörffer Grube, Gerüte, Hirzelbach, Dieffenbach undt Breytenowe undt Nuwenkirch under Frankenberg.* » Ces villages avec Saint-Maurice parvinrent au commencement du XVIe siècle aux chanoines-comtes de Strasbourg et formèrent un bailliage des terres-chapitrales.

— Dieffenbach possédait un couvent de religieuses : «*inclusorium virginum ibi a Werdensibus fundatum Johannes episcopus 1369 in præbendam sacerdotalem convertit.* »

— Neubois ou Critt figure dès l'année 1147 parmi les biens de l'abbaye de Neubourg qui y possédait *curtim Geruta cum appendiciis suis*. L'abbaye vendit cette cour en 1523. — Fouchy ou Grube fit partie de la dotation primitive de l'abbaye de Honcourt ou Hugueshoffen. Le couvent de Baumgarten avait aussi une grange dans *Fossa*, ainsi que le rapporte une bulle du pape Luce III, de 1182. L'abbaye d'Andlau, succédant aux droits de Honcourt, posséda le patronage et la dîme de la paroisse de Fouchy jusqu'à la révolution. — Neuve-Église ou Neukirch était au XIVe siècle le siége judiciaire du bailliage. Notons dans l'église de cet endroit l'inscription qui se trouve dans la nef, sur une plaque de marbre, et qui est destinée à perpétuer la mémoire du curé-martyr, l'héroïque François-Antoine Stackler, guillotiné à Strasbourg, le 3 février 1796.

— SAINT-MAURICE est le seul village au-delà de la Scheer, enclavé dans le domaine du grand-chapitre. L'église ou chapelle de Saint-Maurice est ancienne, puisque déjà en 1022 l'empereur Henri II la donna au couvent d'Ebersmünster : « *Capella sita in montanis Vosagi quæ ad S. Mauritium vocatur, juxta villulam quæ Tanwilre dicitur cum decima ipsius allodii et omnium circumquaque novalium.* » Dans la charte par laquelle l'évêque Guillaume confirma les biens d'Ebersmünster, il est dit : *In Danwilre allodium... cum capella S. Mauritii martyris.* C'est dans cette très-modeste église que l'évêque suffragant de Strasbourg, *von der Wiesen*, administra en 1720 le sacrement de confirmation.

Reste à visiter le chef-lieu du Comte-Ban, le Frankenbourg. Ce château, qui s'élevait jadis comme une sentinelle avancée, dominant la plaine et surveillant l'entrée des deux vallées qu'il sépare, appartenait à l'Église de Strasbourg. Il en est fait mention pour la première fois en 1105, dans une charte de Frédéric-le-Borgne, et il fut détruit en 1582 par un incendie. Les fragments de murs découverts, il y a quelques années, dans l'enceinte extérieure du château, donnent raison aux auteurs qui font remonter les constructions primitives du Frankenbourg à l'ère romaine, voire même celtique.

— DAMBACH. Nous nous retrouvons au pied du Bernstein ou Bærnstein, dans la ville de Dambach. Le château de Bernstein appartenait aux comtes d'Eguisheim-Dagsbourg et échut définitivement en 1236 à l'évêque de Strasbourg. Il devint le chef-lieu d'un bailliage épiscopal très-considérable, qui fut transféré à Benfeld, vers la fin du XVI⁰ siècle. Quant à Dambach, son nom n'apparait pas dans les chartes, avant le XI⁰ siècle. Mais à partir de cette époque il est mentionné souvent parmi les possessions des abbayes de Honcourt, Baumgarten, Etival, Pairis, Sainte-Croix et Altorf. L'évêque Berthold de Bucheck, l'acquéreur de Bernstein, érigea Dambach en ville et lui incorpora les villages d'Oberkirch et d'Altenweiler, ainsi que les hameaux de Steinhausen, Gisselbach, Neudorf et Oberthœrel. Les églises paroissiales survécurent à la ruine des villages ; mais comme elles étaient éloignées de Dambach qui ne formait pas encore paroisse, l'évêque Conrad ordonna aux curés-recteurs de ces églises de faire alternativement l'office dans la chapelle de Saint-Étienne de Dambach. Celle-ci devint paroisse en 1364. L'église d'Oberkirch, *dite supérieure*, était dédiée à S. Sébastien et était à la collation de l'évêque de Strasbourg, qui en céda les revenus d'abord, en 1356, aux chanoines réguliers de

Dachstein; puis, en 1368, au grand-custos; enfin, en 1450, à l'hôpital de Strasbourg. Elle avait trois chapellenies pour les autels de S. Nicolas, de S. Jodoque et de Ste Marguerite. L'église inférieure d'Altenweiler, dans laquelle il y avait aussi deux chapellenies, des autels de la Ste Vierge et de S. Jean, fut unie en 1332 à l'abbaye de Hohenbourg, qui la vendit en 1490 au même hôpital de Strasbourg. C'est ainsi que celui-ci obtint les dîmes et la cure de Dambach qu'il conserva jusqu'à la Révolution. Mentionnons encore de cette paroisse, une maladrerie, la chapelle de Saint-Jacques à l'hôpital, celle de la Vierge située vers Bliensweiler, celle de St. Jean-Baptiste érigée sur l'emplacement de l'église d'Altenweiler. Toutes ces chapelles étaient pourvues de bénéfices qui furent supprimés et remplacés en 1693 par le primissariat auquel on affecta les revenus des chapellenies de la Vierge et de Saint-Nicolas de l'église paroissiale. Il y fut aussi établi en 1781 une confrérie du Rosaire. Dambach a été pris par les Armagnacs et les Suédois. Le dauphin, qui devint Louis XI, commandait en personne les Armagnacs et emporta de ce siège une flèche qui le blessa au genou. Dambach a donné le nom à une famille noble, et le jour à Jean de Tambach, savant dominicain qui nous a laissé entre autres un Traité intitulé « *De consolatione theologiæ.* »

— EBERSHEIM. Si la tradition que Beatus Rhenanus traite de fable, est vraie, Ebersheim doit son nom au sanglier qui blessa le fils du roi Dagobert II. Ce village est cité en 725 sous le nom d'*Ebrotheim*. L'abbaye de Honcourt y possédait des biens et celle d'Ebersmünster y avait une cour seigneuriale. Ebersheim faisait partie des terres du grand-chapitre qui en était le seigneur, le décimateur du ban et le collateur de la cure.

— Hohwarth. Lorsque nous avons parcouru le *Grafenbann*, nous avons aperçu de tous côtés sur le versant septentrional de la vallée une haute colline, tapissée de vignes, sur le sommet de laquelle s'élève isolée une vaste église : c'est la paroisse de Saint-Pierre-Bois, le pèlerinage très-ancien et très-fréquenté de S. Gilles, l'ancien domaine abbatial de Moyenmoutier. Comment cette abbaye prit-elle pied au milieu du Val de Villé ? Bellhomme, dans son histoire de Moyenmoutier, nous l'explique : « *Inter auxilia quæ ad augmentum Mediani-Monasterii tunc (vivente sto Hidulpho) collata sunt, annumerari debent (quantum opinamur) varia dominia, prædia ac bona, quæ in valle Villariensi aliisque circumvicinis Alsatiæ locis olim possedit et quorum maximam partem ab Attico duce concessam fuisse fert traditio.* » C'est donc le duc Etichon ou Attic qui, par reconnaissance, donna ces biens situés dans le val à S. Hydulphe, le témoin ou l'instrument de la guérison miraculeuse de Sainte Odile. Or comme le nombre de ses disciples allait toujours en augmentant, le fondateur de Moyenmoutier établit çà et là d'autres cellules sur des terrains qui lui avaient été concédés. Les religieux défrichèrent les terres, des habitants vinrent s'y établir, les chapelles se changèrent en églises, des paroisses se formèrent autour des couvents et la juridiction de l'abbaye s'étendit sur les uns et les autres. C'est ainsi que les choses se passèrent ici. S. Hydulphe érigea un couvent sur les terres qui lui avaient été cédées dans le Val et qui alors étaient encore couvertes de forêts ; il dédia ce couvent à S. Pierre : de là, le nom de Saint-Pierre-aux-Bois. Autour du couvent l'on vit s'élever les villages de Hohwarth, Saint-Pierre, Gunderschwiller, Hundschwiller et Thanwiller. Tous ces endroits ne formaient ensemble qu'une seule paroisse qui resta jusqu'après la guerre des Suédois sous la juridiction de l'abbé de Moyenmoutier, et qui, sous Léopold d'Autriche, fut incorporée au diocèse de Strasbourg. Moyenmoutier avait alors perdu toutes ses possessions du val. Au XIe siècle déjà, il ne lui était plus resté qu'une cellule, une cense en gagnage et la dîme du franc-alleu. Ces derniers biens, Eric, évêque de Verdun et abbé-commendataire de Moyenmoutier, les vendit en 1601 à Claudine de Grammont, veuve de Jean-Frédéric de Tanwiller, pour la somme de 2250 livres.

Les villages qui composaient la paroisse de Saint-Pierre furent très-éprouvés par les guerres qui désolèrent la vallée. Gunderschwiller fut détruit par les Bourguignons, Hundschwiller par les Suédois ; ceux-ci saccagèrent Petersholtz et Hohwarth de telle sorte, qu'il ne resta plus que quelques maisons dans l'un et l'autre village. Un acte dressé en 1665 rapporte que la dîme ne donnait plus que 60 mesures de vin et 13 sacs de seigle et d'avoine, au lieu de 10 foudres et 35 sacs qu'elle produisait avant la guerre. Les terres en partie n'étaient plus cultivées, faute de bras. Pour remédier à cet état de choses qui affligeait presque toute la province, Louis XIV publia son édit de 1662, par lequel il ramena des habitants dans les endroits dépeuplés et dévastés par les guerres. Des familles lorraines et françaises vinrent s'établir dans la paroisse de Saint-Pierre-

Bois. Ce qui nous explique la présence de curés français dont fait mention feu le curé Kramer dans la relation manuscrite qu'il a laissée de son ancienne paroisse. « De Lachaire ou Vonderscher, y est-il dit, obiit anno 1778. Ultimus fuit parochus gallici idiomatis; jam a plurimis annis lingua gallicana hâc in parochiâ linguæ germanæ locum cesserat. » Hohwarth était, avant la guerre des Suédois, le plus important des villages de la paroisse. Le curé y avait sa résidence. Quant à l'église paroissiale de Saint-Gilles, elle a toujours occupé l'emplacement actuel. Elle était primitivement une chapelle du couvent, et dans la vie de S. Wolfode curé de Hohwarth, il est rapporté que ce saint prêtre montait chaque nuit *sur la montagne* pour assister à l'office qu'on célébrait dans le couvent. La chapelle survécut à la ruine du monastère; mais elle-même fut saccagée au XIe siècle par les troupes lorraines. Il fallut bâtir une nouvelle église : les prétentions également intéressées de Hohwarth et de Petersholtz durent se taire devant les exigences du pèlerinage et, dit-on, la volonté du ciel ; voilà pourquoi le nouvel édifice fut encore élevé sur la montagne, où il resta debout jusqu'en 1788. Alors les mêmes difficultés se présentèrent de nouveau. Une seconde fois la montagne eut raison et c'est ainsi que le long usage des siècles a maintenu l'église paroissiale de Saint-Gilles dans ce magnifique mais à tous égards pénible emplacement. On avait construit il est vrai, très-anciennement déjà, une chapelle sous le vocable de S. Jacques, à Saint-Pierre-Bois même. Cette chapelle devint plus tard l'église paroissiale de Thanwiller ; on verra plus bas comment Petersholz a perdu son annexe.

— Kestenholtz ou Chatenois est devenu aujourd'hui une station thermale ; autrefois il était une châtaigneraie : de là son nom de *Castinetum ou Kestenholtz*. Le village est ancien. Au témoignage de la Chronique d'Ebersheim, Ste Odile donna à l'abbaye d'Ebersmünster *in Castineto curtim unam cum vineis ad ipsam pertinentibus*. L'évêque Remy légua en 778 au couvent d'Eschau une cour avec vignes, près et neuf manses *in Kestenholtz*. Deux nobles de Châtenois, Reginhard et Frédéric, cédèrent en 1138 au couvent de Hugshoffen *molendinum in Tanwilare cum appenditiis et curtim cum molendino et appenditiis in Scherewilare*. Le chapitre de Saint-Thomas et les couvents de Saint-Arbogaste, d'Etival, de Marbach citent Châtenois dans leurs titres fonciers. La seigneurie de cette petite ville appartint d'abord à l'évêque de Strasbourg ; il y avait un château, une cour où il tenait trois plaids par an, et sa fabrication de monnaie. Dès le commencement du XV⁰ siècle cette seigneurie se trouve entre les mains du grand-chapitre qui en obtint la propriété définitive vers l'an 1506. La cure-rectorat lui avait été unie en 1367, et elle fut alors convertie en plébanat. L'église paroissiale possédait six chapellenies sur les autels de Ste Catherine, de S. Michel, de S. Martin et de Ste Foi, de S. Pierre et de S. Nicolas. De plus les chapelles de Ste Anne près du Kalgsthor, et celle de la Croix près de l'Oberthor. Celle-ci fut érigée en 1709 par Lan..inet, curé de la paroisse. — Le village de La Vanzelle dépendait de la seigneurie et de la paroisse de Châtenois. Il figure dans la charte que Charlemagne donna en faveur du monastère de Liépvre sous le nom de *Bobolina Cella*. Fief mouvant de l'église de Strasbourg, il fut acquis par le grand-chapitre moyennant 6000 florins. La Vanzelle n'avait ni église ni chapelle avant la Révolution.

— KINTZHEIM. De Châtenois un agréable chemin conduit à travers les vignes dans l'ancienne *villa* royale de *Kunigesheim*. En 774 Charlemagne donna au monastère de Liépvre,« *loca sylvestria in pago alsaciense ex marca fisci nostri Qwuningirhaim*, » donation que l'empereur Lothaire confirma en 864. Ce dernier prince avait concédé en 843 *villam Kunigesheim, mansos quadraginta in pago Helicasensi* au comte Erchangier, père de Ste Richarde qui abandonna ce riche héritage à son abbaye d'Andlau. L'église de Coire, les abbayes d'Ebersheim, d'Eschau, d'Etival, de Senones et de Zürich possédaient aussi des biens dans Kintzheim. Deux siècles plus tard, les Stauffen, ducs de Souabe et d'Alsace, disposent de la moitié de notre village en faveur du prieuré de Sainte-Foi de Schlestadt. L'empire avait repris ses droits sur Kintzheim, lorsque Rodolphe de Habsbourg l'engagea en 1286 aux seigneurs de Rathsamhausen. Enfin, en 1328 Louis de Bavière l'abandonne à la ville de Schlestadt qui en conserva la propriété jusqu'à la Révolution. L'abbesse d'Andlau y jouissait alors de droits considérables, elle y possédait une cour franche où elle tenait quatre plaids annuels, et elle avait le droit de nommer le schultheiss. La ville de Schlestadt acheta en 1536 ce droit et cette cour pour la somme de 1500 florins. Elle avait de même acheté en 1492, des seigneurs de Hattstatt le château situé au-dessus du village. Ce château, qui fut vendu en 1649 à la famille de Gollen et qui est devenu après la révolution la propriété du baron Mathieu de Faviers, occupe l'emplacement de l'ancien palais de Charlemagne d'où cet empereur expédia plusieurs diplômes : « *Actum Scalistati villa palacio publico.* » Les chartes signées au palais de Kœnigshoffen, remarque judicieusement M. Vatin dans la Revue d'Alsace, portent de même, non pas le nom de Kœnigshoven, mais celui de Strasbourg : « *Actum Argentorato palatio publico.* » — Kintzheim était une cure-rectorat dont le patronage appartenait au chapitre de Saint-Léonard à qui elle fut unie en 1472 par l'évêque Robert de Bavière. Notre statistique fait mention de deux chapelles : celle de Saint-Oswald, dont les revenus furent unis à l'hôpital de Schlestadt ; et celle du château, dédiée à S. Jacques, que les habitants de Châtenois visitaient processionnellement chaque année jusqu'en 1745. Ces relations de pieuse confraternité valaient à coup sûr celles qui existaient au temps de la guerre de succession entre Albert de Habsbourg et Rodolphe de Nassau, lorsque les deux petites villes de Kintzheim et de Châtenois se rendirent le service de s'incendier mutuellement.

Kintzheim est assis sur le gradin inférieur de cette montagne, qui s'élève comme une immense pyramide, et dont le sommet porte le château du Haut-Kœnigsbourg, la plus vaste et la plus imposante ruine d'Alsace. Les chroniques ni les monographies ne disent rien de précis et de certain sur l'origine de ce château. De l'époque romaine ou franque, — il n'apparait dans les chartes que vers le XIIIe siècle, sous le nom de *castrum Kunegesberg ; das hus ʒe Kungesburge, Hohenkunigsperg :* les titres lorrains l'appellent *Estuphin.* Ce nom lui serait venu selon les uns, des ducs de Stauffen ; selon d'autres, il n'est qu'un mot de la langue romane qui désigne la forme pyramidale (*un calice renversé*) de la montagne. Fief lorrain, le Haut-Kœnigsbourg passa successivement aux évêques de Strasbourg, à la maison d'Autriche et à la couronne de France. Il eut pour principaux tenanciers féodaux les landgraves, comtes de Werd et d'Œttingen, les Thierstein, les Sickingen, les Bollwiller, les Fugger. En 1770 il parvint aux Boug d'Orschwiller. Devenu un repaire de pillards nobles, il fut pris en 1462, et en partie détruit. La maison d'Autriche le fit reconstruire et l'érigea en capitainerie. En 1633 les Suédois assiégèrent le Haut-Kœnigsbourg, mais ils y rencontrèrent une longue et opiniâtre résistance, et ce n'est qu'à bout de ressources et sans espoir d'être secouru, que l'intrépide commandant Lichtenau rendit la place qui fut démantelée. Aujourd'hui la belle ruine féodale n'a plus d'autres assauts à subir que ceux du Temps et ceux plus inoffensifs des touristes, et il n'est plus défendu que par les amis des monuments d'autrefois.

— Saint-Hippolyte et Liépvre. Du Haut-Kœnigsbourg on peut descendre sur Saint-Hippolyte, ou du côté opposé, sur Liépvre. Ces deux endroits ont une histoire presque commune. Tous deux doivent leur origine à S. Fulrad qui y fonda des prieurés sous la dépendance de l'abbaye de Saint-Denis. Tous deux appartinrent à l'ancien duché d'Alsace et furent incorporés au duché de Lorraine dont ils firent partie jusqu'à la Révolution. Enfin, leurs églises, situées dans le diocèse de Strasbourg, parvinrent toutes deux en 1502 au chapitre de Saint-George de Nancy qui fut lui-même incorporé en 1742 à l'église primatiale. C'est en vertu de cette union que la Primatiale de Nancy posséda le droit de patronage des églises paroissiales de Saint-Hippolyte et de Lièpvre.

Dom Calmet croit que S. Fulrad est né à Saint-Hippolyte. Toujours y érigea-t-il un prieuré, dans lequel il transféra les reliques du martyr Hippolyte qu'il avait apportées vers l'an 764 de Rome. De là le nom de Saint-Hippolyte, Sant-Pult ou Billt, que prit la petite ville à laquelle on attribue le nom primitif d'*Andaldovillare*. M. Stoffel estime que c'est à tort, et qu'il faut appliquer ce nom au village voisin d'Orschwiller : « On pouvait dire Saint-Hippolyte à Andovilare, comme l'on disait Sainte-Croix à Woffenheim. » Selon ce sentiment, le prieuré et l'église de Saint-Hippolyte auraient été construits sur le territoire d'Orschwiller. Au XIVᵉ siècle la ville de Saint-Hippolyte, *oppidum ad Sanctum Ypolitum*, apparait avec le Haut-Kœnigsbourg comme un fief de la maison de Lorraine, appartenant aux comtes d'Œttingen. Ceux-ci vendirent en 1359 ce domaine à l'évêque de Strasbourg, moyennant 10000 florins d'or. Je ne rapporterai pas les différends que suscita cet acte de vente, ni les nombreux changements de maîtres, les guerres, les sièges et les incendies que subit la petite ville de Saint-Hippolyte. Un fait cependant que voici, et qui se trouve consigné dans les annales de Colmar : le 16 mars de l'an 1287, Anselme le Téméraire, seigneur de Rappolstein, entra avec ses troupes dans le bourg de Saint-Hippolyte, qu'il incendia ainsi que l'église ; le prêtre sauta hors de l'église, mais périt à l'instant brisé de sa chute. « *Clericus de ecclesia saltavit et confractus periit in instanti.* » Dans Golbéry cet évènement est ainsi rapporté : « Le curé voyant son église dévorée par les flammes, se mit à danser et mourut subitement. » — La ville de Saint-Hippolyte fut définitivement incorporée au duché de Lorraine vers la fin du XVe siècle, et le patronage de la cure parvint, ainsi que nous l'avons dit, au chapitre de Saint-George, puis à l'église primatiale de Nancy. Il y avait, au rapport de Grandidier, dans l'église paroissiale de Saint-Hippolyte cinq bénéfices : les chapellenies de la Sainte-Vierge, de Tous les Saints, de S. Michel et S. Nicolas, de Ste Catherine, et le primissariat érigé en 1318, qui était à la collation de la communauté. De plus, deux confréries, l'une du S. Sacrement et l'autre de Notre-Dame-de-Pitié. Enfin, la chapelle de S. Jacques, à l'hôpital, et près de la porte de la ville la chapelle de la Croix, où l'on conservait une relique de la vraie Croix, et où l'on avait érigé, en 1660, une confrérie du cordon de Saint-François, qui était desservie par les récollets de Schlestadt.

— Lièpvre, déjà mentionné, est la première et la plus ancienne localité de la vallée. Il s'appelait primitivement Fulradevillers, de S. Fulrad, qui y avait fondé un couvent. Dans la suite, il adopta ainsi que la vallée, le nom de la rivière qui l'arrose, et qui dans les anciens titres est appelée *Laimaha*, *Laima*, *Lebera*, *Lebraha*. Le bourg de Lièpvre faisait partie de la Lorraine et du bailliage présidial de Saint-Dié ; il était le chef-lieu d'une mairie et formait avec l'Allemand-Rombach une seule et même paroisse. Le chapitre cathédrale de Nancy y percevait un tiers de la dîme, et le curé les deux autres tiers. Il y avait une Confrérie de la Sainte-Famille, érigée par bulle d'Innocent IX, de 1695. Lièpvre était une petite ville forte qui fut prise et démantelée en 1445 par les troupes de l'évêque et de la ville de Strasbourg.

Outre la mairie de Lièpvre, la partie lorraine du val comprenait encore les mairies d'Allemand-Rombach, de Sainte-Croix et de Sainte-Marie. Les églises paroissiales de ces localités, anciennes dépendances du prieuré de Lièpvre, étaient en dernier lieu à la collation du primat de Nancy qui avait succédé aux droits du prieuré.

L'Allemand-Rombach ou Deutsch-Rumbach était une annexe de Lièpvre qui fut érigée en 1786 en cure particulière. Ce village figure ainsi que le petit et grand-Rombach et la Hingrie dans les diplômes de Charlemagne (774) et Lothaire (854) au couvent de Lièpvre sous le nom de *Rumbach, alia Rumbach, tertia Rumbach, Achinisregni*.

— Sainte-Croix, appelé dans Kœnigshoven Sant-Crütz im Leberthal, n'était anciennement que le titre d'une chapellenie et dépendait de la cure-rectorat du Grand-Rombach. Ce dernier endroit déchut singulièrement ; il ne compte plus, dit Grandidier, que 12 familles et n'a plus ni église, ni chapelle. Dans l'église paroissiale de Sainte-Croix, il y avait, outre la confrérie du Rosaire, érigée en 1702 par bulle de Clément XI, cinq autres confréries, à savoir : celles des Trépassés, de S. Nicolas, de S. Sébastien, de S. Guérin, de Ste Agathe et de Ste Anne. « *Grandidier, Œuvres inédites.* »

— Sainte-Marie-aux-Mines, doit son nom à son ancienne église de Sainte-Madeleine et à ses mines. La Lièpvrette, appelée aussi *Landbach* ou ruisseau provincial, séparait cette ville en deux parties ou deux paroisses, appartenant toutes deux au diocèse de Strasbourg, mais situées l'une en Lorraine et l'autre en Alsace dans la seigneurie de Ribeaupierre. La rive gauche, ou partie lorraine, était presque exclusivement occupée par des catholiques français formant la paroisse de Ste-Marie-Madeleine ; tandis que sur la rive droite d'Alsace, la population était allemande de langage, mixte, et la paroisse de Saint-Louis disséminée dans les annexes d'Eschery, de St-Blaise, de Fertrupt et de Petit-Lièpvre. « Les habitants de ces deux paroisses diffèrent entre eux non-seulement pour la religion et l'état civil, mais encore pour la langue, les mœurs et les habillements ; et quoique l'une et l'autre appartiennent aujourd'hui à la France, cette distinction est encore très-remarquable. Cependant les parties alsacienne et lorraine sont si peu éloignées, qu'on trouve à Ste-Marie des maisons dont la moitié, le tiers, ou le quart est dans l'une et le reste dans l'autre : ce qui justifie le proverbe qu'on y fait le pain en Alsace et qu'on le cuit en Lorraine, que l'homme couche dans la première de ces provinces et sa femme dans la seconde. » *Grandidier*, *Vues pittoresques de l'Alsace.*

Il est fait mention pour la première fois de Sainte-Marie en 1087 dans une charte de Thierri, duc de Lorraine, par laquelle ce prince rendit au monastère de Lièpvre les dîmes de Sainte-Marie et de Saint-Blaise, que son père, Gérard d'Alsace, avait usurpées. Il s'agit ici de l'église paroissiale de Sainte-Marie-Madeleine, appelée dans les titres *S. Maria*, *Fanum S. Mariæ*, *S. Maria ad Fodinas*. L'église du village de Saint-Blaise était la paroisse des catholiques de Sainte-Marie d'Alsace ; ceux-ci n'obtinrent une église particulière qu'en l'année 1674.

Elle fut érigée par les soins de Louis XIV, dédiée à S. Louis et remplacée en 1848 par l'église actuelle.

Lors des troubles de la Réforme, le duc de Lorraine se fit le champion de la religion catholique qu'il sut maintenir dans toute l'étendue de son domaine. Au contraire, le seigneur de Rappolstein, Egenolf III, ayant embrassé les idées nouvelles, introduisit le protestantisme sur la rive droite et établit un pasteur dans l'église du Pré, *auf-der-Matten*, hors de Sainte-Marie. Des réfugiés français, suisses et saxons, venus pour travailler aux mines, constituèrent les éléments d'une paroisse réformée dont le maître mineur Elie jeta en 1550 les premiers fondements. Trois années après, le seigneur Egenolf autorisa Jean Locquet, pasteur calviniste, à Strasbourg, de prêcher dans le temple luthérien. En 1555, François Morel, gentilhomme français, vint de Genève s'établir à Sainte-Marie en qualité de pasteur réformé. Il évangélisa les villages d'Eschery et de Fertrupt, et lorsque la Régence d'Ensisheim lui fit défendre l'exercice du culte réformé, il se retira dans le village d'Aubure appartenant au duc de Würtemberg, d'où il continua ses prédications. Ses successeurs, Pierre Marbœuf et Renard, achevèrent d'organiser la paroisse à laquelle on céda l'église catholique d'Eschery. L'arrivée de nouveaux mineurs allemands donna lieu à l'érection d'une communauté réformée allemande. Je ne m'arrêterai pas à exposer les dissentiments qui s'élevèrent entre luthériens et réformés, entre la communauté allemande et la communauté française. J'ajouterai seulement, en terminant cette notice, que les réformés construisirent en l'année 1634 un temple dans la ville même, et qu'à partir de cette époque le service se faisait alternativement à Sainte-Marie et à Eschery.

Le village d'Eschery situé à un quart de lieue de la ville, dans la vallée qui conduit au Bonhomme, tient son nom et son origine du prieuré fondé sous la dépendance de l'abbaye de Moyenmoutier par S. Guillaume et S. Acheric. Il n'était primitivement qu'une église dédiée à la Sainte-Vierge et s'appelait Belmont ou Schœnberg. L'église du couvent, placée sous le vocable de S. Pierre et de S. Paul, devint au XIII siècle une paroisse, ainsi que le rapporte Richer de Senones : « *In cella Acherici monachi mediani monasterii fere usque ad tempora nostra feruntur habitasse. Modo vero ecclesia parochialis per negligentiam monachorum est effecta.* » Cette cure-rectorat comprenait les villages d'Eschery, de Petit-Lièpvre et de Rauenthal ; l'abbaye de Moyenmoutier en conserva le patronage jusqu'à la Réforme. L'église d'Eschery fut affectée, ainsi qu'il a été dit plus haut, au culte réformé ; mais sous la domination française, une ordonnance royale de 1686 rendit aux catholiques le chœur de cette église, et en 1699 l'intendant d'Alsace leur fit restituer la moitié des biens paroissiaux. — Ce furent les premiers moines d'Eschery qui découvrirent les mines d'argent que recélait le sol de la vallée, et qui ouvrirent ainsi une source de prospérités croissantes pour la contrée. Plus tard, les religieux donnèrent en fief l'exploitation de ces mines à quelques nobles du pays, qui prirent le nom d'Eschery et bâtirent le château du même nom, dont on voit encore les ruines près de Petit-Rombach. La famille des Eschery s'éteignit en 1381.

Dans le village de Saint-Blaise appelé *Sant-Wilhelm* ou *Alt-Echerich*, il y avait aussi une église paroissiale, dédiée à S. Guillaume, qui s'étendait sur les villages de Saint-Blaise, de Fertrupt, et sur la partie alsacienne de Sainte-Marie. Elle était à la collation des seigneurs d'Eschery et parvint en 1317 à l'abbaye de Baumgarten qui en jouit jusqu'à la Réforme. Les protestants de Sainte-Marie y installèrent leur culte et maintinrent ce service *extra-muros* jusqu'en l'année 1844, où ils construisirent un temple dans l'intérieur de la ville. — Sainte-Marie possède donc sur la rive gauche l'église et la paroisse de Sainte-Madeleine; sur la rive droite l'église paroissiale de Saint-Louis, un temple réformé et un temple protestant. A Eschery l'église de Saint-Pierre, située à Sur-l'hâte, est commune aux catholiques et aux réformés; les protestants y ont un oratoire. Les villages de Saint-Blaise et de Fertrupt ont chacun un temple commun aux réformés et aux luthériens.

Au sortir de la vallée de Lièpvre et avant de suivre de nouveau l'ordre de notre statistique, dirigeons-nous sur le village de Thanvillé, appartenant lui aussi, aux ducs de Lorraine. Thanvillé, *Dannwiller, Thanenweiler* fit partie du domaine que le duc Attic donna dans le val de Villé à S. Hydulphe. L'abbaye de Moyenmoutier perdit au IXe siècle une grande partie de ses biens dont s'emparèrent ses avoués, les rois de Lorraine. Aussi en 994 l'évêque Widerolphe disposa-t-il de Thanvillé en faveur de l'abbaye d'Ebersheim. Le village ayant fait retour à Moyenmoutier, l'empereur Henri II le rendit en 1022 au couvent d'Ebersheim qui ne conserva pas ce domaine. Car au commencement du siècle suivant,

Henri IV érigea Thanvillé en seigneurie particulière, dont il gratifia les comtes de Hattstatt, ses partisans. Cette seigneurie entra en 1518 dans le domaine direct de la maison de Lorraine, et en dernier lieu (1786) elle parvint à la famille de Dartein. Le château de Thanvillé avait été bâti vers l'an 1084. — Lors de la formation des communes, la partie située au-delà du ruisseau et sur laquelle se trouvait la chapelle de Saint-Jacques, fut annexée à Thanvillé; c'est pourquoi les maîtres du château figurent dans les actes avec la qualification suivante : « *seigneurs de Thanvillé pour le tout, et de Saint-Pierre-Bois pour la moitié.* » Thanvillé continua cependant de faire partie de la paroisse de Petersholtz; le curé célébrait l'office à certains jours dans la chapelle de Saint-Jacques. Vers le milieu du XVIIᵉ siècle, le châtelain, voulant émanciper *la fille* et l'ériger en paroisse, refusa de payer au curé les dîmes d'usage. Cela donna lieu à toutes sortes de contestations ; mais, malgré les sérieuses oppositions des parties intéressées, le château l'emporta et Thanvillé fut détaché de l'église de Saint-Pierre-Bois et définitivement érigé en paroisse vers l'an 1719. Ce fut en 1784, sous le curé Gonaut, que l'église actuelle prit la place de l'ancienne chapelle de Saint-Jacques.

Saint-Martin figure comme église paroissiale dans la dotation de l'abbaye bénédictine de Honcourt, à l'ombre de laquelle le village a vécu pendant de longs siècles. Ses annexes ont été érigées depuis la Révolution en paroisses : « Meissengott, où commence, dit Schœpflin, le patois roman ; » on ne parle plus dans cet endroit que le patois allemand, et l'usage exclusif de la langue romane et française ne commence qu'à partir du village suivant. Steige termine et ferme le val de Villé. Il est lui-même encaissé entre de hautes collines où fleurit encore la vigne et le cerisier, et il s'étend comme une longue bande sur la route dont il a pris le nom, et qui au sortir du village dénoue ses plis jusqu'au sommet de la montagne, pour de là pénétrer ou dans la Lorraine ou dans la vallée de la Bruche. Au XVe siècle, Steige formait paroisse; comme telle, il figure encore en 1663 dans la description statistique de Pleister: mais je ne sais comment, si c'est à la suite d'un incendie de l'église, ou d'une dépopulation de la commune, il a été annexé à la paroisse de Saint-Martin. L'ancienne église de Steige date de l'année 1719 et la nouvelle a été bâtie en 1869.

— ORBEIS ou URBEIS était une annexe de l'église de Villé, qui fut érigée le 1er juillet 1760 en vicariat perpétuel. Le site de ce village est pittoresque et très-accidenté: au-dessus d'Urbeis s'élèvent les ruines de Bilstein, le plus ancien château de la vallée; il remonte à l'époque romaine et commandait la route des Gaules. Le village lui-même est situé sur le versant oriental du Climont où mène un sentier escarpé, à travers prés et champs, genêts et rochers. Cette montagne d'où jaillissent les sources de la Bruche, est, après le Champ-du-Feu, le sommet le plus élevé de la Basse-Alsace. Elle était aussi appelée *Winberg*; et en 1195 elle figure dans une bulle du pape Célestin III sous le nom de Cilkenberg, parmi les biens de l'abbaye de Baumgarten.

— ORSCHWEILER faisait partie des biens que le duc Attic ou Ettichon céda à l'abbaye d'Ebersmünster: « *In*

Olleswilre, est-il dit dans le diplôme de 818 attribué à Louis-le-Débonnaire, *curtis dominica cum allodio vinearum et agrorum, mansus censuales et serviles; decimæ ipsius prædii totaliter ad portam monasterii in usus pauperum et hospitum pertinent. Bannus ipsius allodii cum omni mundiburde sua in ipsam curtim pertinet, viis scilicet et inviis, exitibus et redditibus; communis vero bannus usque in alveum Eggenbach et alveum Ille fluminis, usus vero lignorum et pascua ad saginandos quinquaginta porcos in Westerholz in ipsam curtim pertinet: sita est autem in Comitatu Kirchheim.* » La comtesse Hildegarde donna en 1094 des biens situés in *Onolteswilere* au monastère de Sainte-Foi de Schlestadt. Le village était une dépendance du Haut-Königsbourg et relevait de la maison d'Autriche. Il faisait aussi partie de la *Marckgenossenschafft* qui existait entre Ribeauvillé, Bergheim, Saint-Hippolyte, Guémar, Ohnenheim, Elsenheim et Orschwiller. La paroisse était une cure-rectorat et le curé était seul décimateur du ban. La dîme du vin rapporta en 1664 cinq foudres, et avant les guerres elle donnait de 9 à 10 foudres. Celle en grains produisit 50 sacs de seigle, de froment et d'avoine, et auparavant elle s'élevait jusqu'à 80 sacs. Ces dîmes constituaient le revenu du curé.

— SAALES, appartenant déjà avant la Révolution à l'Alsace et au diocèse de Strasbourg, faisait partie de la seigneurie de Villé et de l'archiprêtré de Schlestadt. Il était frontière, touchant d'un côté à la principauté de Salm, et de l'autre au val de Galilée ou de Saint-Dié. Assis sur un plateau élevé, où Eole souffle à plaisir quand il lui en prend fantaisie, on y jouit d'une vue très-étendue sur le Ban de la Roche et sur le val de Saint-Dié, dont les hautes montagnes, qui lui servent de ceinture, cachent comme derrière un rideau la vaste plaine de l'Alsace. Le village de Saales est ancien. « Ce lieu dit Grandidier [1], est connu dans le diplôme du roi Childéric II, donné vers l'an 661 en faveur de l'abbaye de Senones, et dans celui de l'empereur Othon Ier, de 949, pour la même abbaye, sous le nom de *Strata Sarmatorum*, le chemin des Sarmates, des Vandales ou des Hongrois. » Cette *via Sarmatorum* allant de Scherville par le val et par Saales jusqu'à Raon, n'était autre que la primitive route de la vallée, passant par Urbeis et reliant l'Alsace à la Lorraine, ou la Germanie aux Gaules. Le nom de Sarmates donné à cette voie ne semble pas indiquer un simple passage de ces peuplades, mais laisse plutôt supposer qu'une colonie de Sarmates s'est établie dans le val et dans la contrée voisine. On sait que les Sarmates se firent chasser de leur pays par leurs esclaves qu'ils avaient armés contre les Goths, et que l'empereur Constantin les reçut dans l'empire, en les répartissant dans diverses provinces, où il leur donna des terres à défricher. Ce chemin passant par Saales fut communément appelé *via Salinatorum*, *via Salinaria*, et c'est de là que l'endroit prit son nom, du sel et des sauniers qui venaient des salines de Lorraine, ainsi que du dépôt de sel qui y était établi pour l'Alsace. Le village figure en 1040 dans un titre de Senones sous le nom de Salis; et en 1254 Hugues de Provenchères donna à l'abbaye de Senones *quædam bona*

---

[1]. Œuvres inédits, T. VI.

in Sales, sita in jurisdictione Rudolphi comitis de Habsburg, in præsentia religiosi viri abbatis Hugonis curiæ. Calmet, T. I, p. 186. Rodolphe de Habsbourg était alors possesseur de la seigneurie de Villé ou d'Ortenberg Dans la guerre de la ville de Strasbourg avec Gauthier de Géroldseck, le comte Rodolphe, ayant pris parti contre l'évêque, vit ses terres du val ravagées par les troupes épiscopales. Elles vinrent jusqu'à Bruche, Neubourg et Saales qu'elles incendièrent. — L'église de Saales dépendait primitivement de l'abbaye de Senones ; elle ne fut erigée en paroisse que vers le milieu du XIIIe siècle. Après les guerres elle devint annexe de l'église de Bruche, tout en conservant dans les statistiques le rang paroissial. Voici ce que je lis dans un état des bénéfices ecclésiastiques de la seigneurie de Villé de l'an 1665 : « Seel. S. Barthelemy est patron de l'église. Celle-ci a 2 fl., 5 sch. de revenus. L'église ayant été brûlée, on la rebâtit avec les capitaux. Le collateur possède la moitié de la dîme, et le curé l'autre moitié. En 1660 elle a rapporté 80 sacs de seigle et 20 sacs d'avoine ; elle rapportait autrefois au collateur et au curé 96 sacs. La dîme extraordinaire est au curé sur deux cantons et sur trois autres champs. Elle produit actuellement 5 sacs, moitié seigle, moitié avoine, et autrefois elle rapportait 10 sacs. La cure donne à des chanoines de Saint-Dié 3 sacs, moitié seigle, moitié avoine. » Le seigneur de Villé était collateur de la cure. Outre les avantages que lui conférait le droit de patronage, il en avait d'autres plus considérables qui lui venaient de son droit seigneurial. — Les registres de la paroisse font mention d'un primissariat, d'une confrérie du Saint-

Sacrement érigée par bulle de Clément X, ainsi que d'anciennes confréries des Trépassés, de Saint-Sébastien, de Saint-Nicolas, de Sainte-Barbe et de Sainte-Agathe. Il est aussi question d'un droit de bénis-fonts, c'est-à-dire du premier baptême célébré après Pâques et Pentecôte, pour lequel le curé percevait *selon l'ancien usage*, 4 schillings ou 4 pots de vin. Un acte de baptême (1674) d'un enfant illégitime consigne *la coutume immémoriale de la paroisse et du voisinage*, d'après laquelle toute *fille délinquante* était tenue de donner 25 aunes de toile blanche, et le père d'icelle une livre de cire à l'église, *le tout en satisfaction et réparation du scandale donné par la dite fille.* Enfin, dans un autre acte se trouve rapporté l'incident suivant : « le 6 novembre 1874, un enfant était devant l'église de Saales pour être présenté au saint baptême, *quand une grande alarme d'une course de soldats qui vinrent piller Colroy-Lorraine* fit fuir les assistants à la cérémonie, et causa la division des dites cérémonies d'avec le baptême qui fut conféré seul. » — Je transcris, en finissant, quelques notes décousues sur les différentes localités de la paroisse. Le village de Bourg, appelé *Novum-Castrum* ou *Neubourg* dans la chronique de Senones, était jadis en renom pour ses mines de fer. Bruche ou Brusca tient son nom du ruisseau qui prend sa source au Climont et qui, devenu rivière, fait sur son parcours le jeu productif des usines et des moulins. Au Hang, il y avait des verreries et une chapelle de Saint-Laurent dont il ne reste plus de trace. Près de Saales on rencontre la *Bonne-Fontaine* dite *Gutenbrunn*, où se trouvait la chapelle de S. Gondelbert, qui, au rapport de la tradition, servit de retraite au saint archevêque de Sens, le fondateur de l'abbaye de Senones. Enfin, au-dessus de Provenchères s'élève le monticule qui porte les ruines du Spitzenberg ; l'abbaye de Baumgarten obtint en 1182 le droit de pâturage sur les terres de ce château.

— SCHERVILLÉ OU SCHERWEILER, situé sur la Scheer, est un ancien village ; il faisait partie des biens que le duc Attic légua au couvent d'Ebersmünster, ainsi que le rapporte la charte de Carloman de 777, et celle de Louis-le-Débonnaire de 818, où il est dit : « *In Scerewilre, curtis dominica cum vineis, et agris et pratis, mansus censuales et curtes ipsorum, et bannus ipsius prædii et vilicatio inipsam curtim dominicam pertinet ; decimæ salicæ terræ ad portam monasterii respiciunt.* » Ce village eut le privilège de servir pendant un an de lieu de refuge à l'enfant providentiel qu'un père altier poursuivait de sa haine aveugle. Aussi Schervillé conserva-t-il avec piété la mémoire de Ste Odile. D'anciens documents font mention d'une chapelle de Sainte-Odile, érigée à Scherwillé, sur un terrain que Brunon, grand-prévôt de la cathédrale, avait donné en 1118 au grand-chapitre. Cette chapelle devint une église paroissiale, dite inférieure ; le grand chapitre y fonda en 1202 une prébende ou vicariat perpétuel ; et en 1294 un noble, Otton de Rosheim, y éleva un autel à Notre-Dame qu'il dota d'un bénéfice à la collation du grand-chapitre. Les deux prêtres pourvus de ces bénéfices, sont nommés dans une charte de 1306 : « *Gerhardus rector capelle S. Odilie in Scherwilre, et Volmarus sacerdos altaris S. Marie capelle predicte.* » Grandidier, *Œuvres hist. inéd. T. 6.* La chapelle actuelle de Sainte-Odile, toujours fréquentée par les pèlerins, occupe l'emplacement de l'ancienne chapelle ou église dont il vient d'être question. Elle possède une relique de Ste Odile, qui lui fut donnée en 1836 lors de l'ouverture canonique de son tombeau. L'église paroissiale de Saint-Pierre et de Saint-Paul fut unie en 1258 à l'abbaye de Honcourt, à laquelle Rodolphe de Habsbourg céda le droit de patronage ainsi que sa cour : le vicariat perpétuel qui prit la place du rectorat était à la collation du grand-prévôt. Notre statistique constate qu'au moment de la Révolution, l'abbaye d'Andlau, héritière de celle de Honcourt, et le grand-chapitre possédaient encore la jouissance alternative de cette cure. Le village de Schervillé relevait de la seigneurie de Villé. Il fut brûlé en 1374 par Jean I", duc de Lorraine, et en 1525 le duc Antoine remporta sa victoire décisive sur les Rustauds, aux lueurs de Schervillé en flammes. — Au-dessus de Schervillé s'élève la magnifique ruine granitique de l'Ortenberg ou Ortenbourg, château érigé vers l'an 1000 par le comte Wernher. Il était longtemps le chef-lieu de la seigneurie du Val, appelé *Albertina vallis*, *Albrechtsthal*, nom qui lui vient soit d'Adelbert, arrière petit-fils d'Attic, soit du comte Albert de Hohenberg, qui donna cette seigneurie en dot à sa sœur Anne, lorsqu'elle épousa Rodolphe de Habsbourg. Un peu plus bas on aperçoit le château de Ramstein que le landvogt d'Alsace, Otton d'Ochsenstein, bâtit en 1292, ainsi que le château de Schervillé, dans le dessein de réduire la forteresse d'Ortenberg occupée par les partisans de l'empereur Albert. Il fut pris et démoli en 1429 par les Strasbourgeois. Dieffenthal, qui ne forme qu'une même commune et paroisse avec Schervillé, figure dans la bulle d'Alexandre III, de

1180, parmi les biens du couvent d'Eschau, sous le nom de *Diefendale*. La sœur du comte Wernher donna à l'abbaye de Honcourt *vineam in Tieffenthal*.

— SCHLESTADT OU SCHLETTSTADT. Les historiens ne font défaut ni à la ville ni à l'église de Schlestadt : chroniques, revues et monographies en ont traité. Donnons en un résumé succinct. — Schlestadt est cité pour la première fois en 727 dans un titre de l'abbaye de Murbach, à laquelle le comte Eberhard légua des biens situés à *Selastat*. Ce n'était primitivement qu'un hameau de pêcheurs établis sur la rive gauche de l'Ill, lequel sous les rois francs apparait comme une villa royale avec palais. Charlemagne y vint célébrer les fêtes de Noël en l'année 775, et Charles-le-Gros y séjourna à deux reprises, en 884 et 886. Ce domaine royal devint en grande partie une terre allodiale des comtes de la Basse-Alsace. « *In fundo nostro*, est-il dit dans la charte de fondation de l'église de Sainte-Foi, predium quod in Slezestat villa, in pago Alsatie, et in comitatu Kiricheim, hereditario jure possidemus. » Sous Frédéric II, le landvogt Wœlfelin, surnommé le Thésée de l'Alsace, fit entourer en 1216 Schlestadt de murs, et Rodolphe de Habsbourg le plaça sous la juridiction immédiate de l'empire. Parmi les villes libres d'Alsace, Schlestadt vint immédiatement après Haguenau et Colmar, et il fut le dépositaire des archives de la Décapole. Henri VII lui incorpora en 1310 le village de Burner, et Louis de Bavière celui de Kintzheim. — Après ce court exposé, auquel je ne saurais, sans m'écarter de mon but, ajouter d'autres détails concernant la vie civile, militaire et politique de la ville de Schlestadt, je prie le lecteur de me suivre à l'église paroissiale de Saint-George. Celle-ci jouit d'une haute antiquité. Elle se révèle d'abord sous la forme d'une chapelle que Charlemagne donna à l'église de Coire ainsi que le rapporte la charte confirmative de Louis-le-Débonnaire de 836 : « *Res quæ sunt in pago Elisacensi, in loco qui dicitur Selezistata, capella videlicet cum omnibus ad se pertinentibus.* » Dans un titre de 953 par lequel l'empereur Otton confirme à son tour la libéralité de Charlemagne, on lit : « *Hoc est in villa Selezzistat ecclesia cum omnibus ibi legaliter pertinentibus, decimisæ prædiis, ac mancipiis.* » Nous sommes ici en présence d'une église qui a des dîmes, un corps de biens ; c'est donc une église paroissiale. Elle est expressément nommée dans la charte de fondation de Sainte-Foi : « *et atrium ipsius ecclesiæ,* NEQUE BAPTISMALIS ECCLESIÆ PRESBYTER; *nec aliquis clericorum aut laicorum inquietare præsumat.* » Enfin dans l'acte qui relate la fondation de la chapellenie faite en 1370 par Walther de Düringheim en faveur de la chapelle des Lépreux, il est fait mention de l'église paroissiale dédiée à la Sainte-Croix et à Sainte-Catherine, ainsi que d'Eberhard de Kybourg, curé-recteur de cette église *in Sleczstat*. Quant au monument lui-même, il remonte dans quelques parties à l'ère romane ; au XIVe siècle, il subit une transformation complète dans le style ogival, et c'est sans doute à cette époque qu'il fut dédié à S. George et à Ste Agnès ; enfin, la tour et le chœur sont l'œuvre du XVe siècle. Cette église et sa tour, dit Schœpflin méritent d'être placées parmi les édifices remarquables de l'Alsace. Voici ce qu'en dit Beatus Rhenanus, dans son livre 3 Rer. Germ. p. 543 : « *Habet hoc oppidum parochiale templum et unicum et omnium antiquissimum, cujus lapidea structura una cum turre satis quidem magnifica est, sed recentior. Olim hand dubio simplicius fuit et angustius, sanctæ Cruci, divæque Catharinæ dicatum. Sed postea D. Georgius et Agnes in adyti (quod chorum vocant) tutelam asciti soli nunc regnant, veterum nulla memoria, præter picturam.* » Avant la Réforme il y avait 13 chapellenies dans la paroisse de Saint-George, à savoir : les chapellenies de la Sainte-Vierge, de Saint-Jean, de Saint-Pierre, de Saint-Josse, de Sainte-Agathe, de Saint-Laurent, de Saint-Antoine, de Saint-Nicolas et de Sainte-Catherine, toutes dans l'église paroissiale. Celles du Saint-Esprit et de Saint-Nicolas, à l'hôpital. La chapellenie de Saint-Léonard, dans la chapelle de la Léproserie fondée en 1290 et dédiée à Ste Catherine et S. Nicolas. Le curé prit le titre de ce bénéfice et signait « *curé-recteur de Saint-George et de Saint-Léonard.* » Enfin, la chapellenie de Saint-Nicolas, dans la chapelle du faubourg, qui selon quelques-uns aurait été l'ancienne église paroissiale, tandis que d'autres cherchent le berceau de la paroisse dans l'ancienne chapelle de Saint-Michel, sur le cimetière attenant à l'église de Saint-George. Ces 13 chapellenies, qui avaient été à la collation du curé-recteur et du grand-prévôt de la cathédrale, furent réduites en 1513 par Guillaume de Honstein au nombre de six, et le patronage en fut abandonné au magistrat. Après la Réforme il ne resta plus que trois de ces bénéfices. Dans cette énumération, il ne faut pas oublier la chapelle de Sainte-Anne située près du Niederthor et démolie durant la Révolution ; celle de l'Ill, bâtie en 1485 et dédiée à Notre-Dame-des

Neiges, lieu de pèlerinage fréquenté; enfin la chapelle de Saint-Symphorien, le patron de l'ancien village de Burner. Cette chapelle ou église était encore vers la fin du XV⁰ siècle le titre d'un rectorat qui avait été uni en 1313 par Henri, roi des Romains, à l'abbaye de Baumgarten. La paroisse de Saint-George était à la collation du magistrat; le curé, l'abbesse d'Andlau et le grand-prévôt étaient décimateurs, chacun pour une part de la dîme en grains, et celle du vin revenait moitié au recteur, moitié à l'abbesse et au grand-prévôt. Ces droits, l'abbaye d'Andlau les avait hérités de Hugshoffen qui possédait une cour à Schlestadt, et le grand-prévôt les tenait peut-être d'une ancienne donation de l'empereur S. Henri, à laquelle le nécrologe de la cathédrale fait allusion dans l'annotation suivante : « *III idus julii, Heinrichus imperator obiit : de Schlehestat plenum servitium.* » — Durant les troubles religieux du XVI⁰ siècle, ce fut surtout l'attitude du patron de la cure, de l'énergique prévôt Melchior Ergersheim, qui empêcha dans Schlestadt l'établissement du protestantisme, auquel le curé apostat Seidenstricker, plus connu sous le nom de Phrygio, essaya d'amener ses ouailles. Une basse intrigue ourdie par un nommé Jacques Schütz de Traubach, réussit un instant à compromettre gravement la situation du prévôt et de la cause qu'il soutenait. Mais la calomnie fut mise au jour; le prévôt emprisonné fut relâché et revint à Schlestadt, et le calomniateur paya de sa vie le forfait qu'il avait commis. La sanglante défaite que le duc de Lorraine infligea aux Rustauds, acheva de dissoudre le parti de Seidenstricker. Celui-ci, expulsé de la ville, s'en alla exercer successivement le ministère de la Parole à Mulhouse et à Bâle, où il mourut en 1543. — L'église de Saint-George, qui nous a occupé jusqu'à-présent, était un vrai Panthéon pour tous ceux qui avaient illustré la ville de Schlestadt. On y lisait autrefois les épitaphes de Craton Hoffmann et de Jacques Wimpfeling, des Spiegel, de Jean Maius et de Beatus Arnoldus, de Laurent Bosch et de Jacques _xel dit Taurellus, de Florent Gebwiller et de Beatus Rhenanus. Ces noms nous rappellent la célèbre école littéraire qui jeta un si vif éclat sur la ville et qui produisit tant d'hommes remarquables par leurs talents et leur érudition, tels que les Murrho de Colmar, les Hahn et Berler de Rouffach, les Spiegel et Hugo de Schlestadt, et surtout, parmi d'autres encore, Beatus Rhenanus, la gloire de l'école. Fondée vers l'an 1450 par Louis Dringenberg de la Westphalie et disciple de Thomas-à-Kempis, elle fut dirigée successivement par Craton Hoffmann d'Udenheim [1], Jérôme Gebwiller de Horbourg, Vit de Rothenbourg. Sous Jean Witz ou Sapidus de Schlestadt, qui embrassa la Réforme, on vit disparaître cette riche pépinière de savants. A elle seule, la ville de Schlestadt pourrait fournir ample matière à un *De viris illustribus*. Nous en avons déjà cité plusieurs ; nommons encore : le franciscain Hugo et le trop célèbre dominicain Butzer ; et parmi les modernes : G. Hahn, controversiste ; W. Zumsteeg, auteur d'un recueil de sermons, intitulé le *Zodiacus cœlestis* ; G. Rippel, à qui l'on doit un livre sur les beautés du culte catholique ;

---

1. Sur la foi de Grandidier, Œuv. hist. inéd., j'ai fait naître Craton Hoffmann dans notre Uttenheim d'Alsace, tandis que cette gloire revient à Udenheim du Bas-Palatinat.

C. Hærst, prieur du couvent de Saint-Marc et pianiste distingué; Karcher, auteur du Rituel de Strasbourg; le P. Bægert, jésuite-missionnaire en Californie; I. Lantz, évêque de Dora et suffragant de Strasbourg; A. Denneville, prédicateur de controverse; A. Jean-Jean, supérieur du séminaire et recteur de l'académie de Strasbourg, qui nous a laissé un sermonnaire très-estimé. — Schlestadt n'était pas moins riche en fondations religieuses qu'en hommes célèbres. A l'ombre de l'église paroissiale on voyait s'élever les églises et les pieux asiles des Franciscains et des Johannites, des Frères-Prêcheurs et des Dominicaines, des Jésuites et des Capucins. Et comment pourrais-je oublier l'illustre prévôté des Fils de S. Benoît, avec son antique église monumentale de Sainte-Foi, le berceau de la ville de Schlestadt ! Aussi nous nous proposons de la visiter plus tard avec attention. Après la suppression des Jésuites, l'église de Sainte-Foi fut desservie par un prêtre séculier à la nomination de l'évêque. Elle était le siège de la confrérie des artisans et de celle des bourgeois, érigée l'une en 1504, l'autre en 1615, et unies toutes deux en 1767. Ce n'est qu'au commencement du siècle, en 1805, qu'elle devint paroisse; et en 1847, la succursale fut élevée au rang de cure. L'abbé Vion, vicaire de Saint-George et plus tard archiprêtre de la cathédrale, fut le premier desservant de la paroisse de Sainte-Foi. —Beatus Rhenanus comptait de son temps, à Schlestadt, 2600 communiants, et Grandidier 1430 familles. Celui-ci signale chez les Schlestadiens l'amour de la danse, et celui-là s'exprime à leur sujet, de la façon suivante :
« *populus simplex ac tenuis, ut vinitorum fert conditio;*

præterea commessationibus paulo addictior. » De fait, M. Gérard dans sa charmante bluette, *l'Ancienne Alsace à table,* énumère les nombreuses occasions périodiques que la bonne ville sut mettre à profit pour se servir à dîner. Quoi qu'il en soit, l'ancien Schlestadt, puisque c'est de lui qu'il est question, s'est montré brave à la guerre, docte à l'école, et fidèle à la Foi de ses pères.

— Villé ou Weiler est l'endroit principal de la vallée, ainsi que le chef-lieu de l'ancienne seigneurie, auxquelles il a donné son nom. Le val que nous avons parcouru en tous sens avant de nous arrêter à Villé même et que les anciens titres appellent *Obrechtsthal, Albrechtsthal, Visenvallis*, comprenait : 1° la seigneurie de Thanvillé qui faisait partie de la Lorraine ; 2° le Comte-Ban, propriété du grand-chapitre ; 3° la seigneurie de Villé, appelée anciennement *seigneurie d'Ortenberg* du nom de son château principal. Il renferme une trentaine de villages avec les châteaux d'Ortenberg, de Ramstein, de Franckenbourg et de Bilstein. Aussi fertile que pittoresque, le val de Villé étale ses richesses, ses forêts, ses prés, ses terres, ses vignes jusque sur le sommet des collines, derrière lesquelles s'élèvent les hautes montagnes qui le séparent au nord du Steinthal et de la vallée d'Andlau, au couchant du val de Saint-Dié, et au midi de celui de Liépvre. Une très-ancienne route de communication reliait la vallée à la Lorraine, d'abord par Urbeis, et plus tard par Steige. Ce passage fut bien souvent funeste aux paisibles habitants du val, lesquels jusqu'aux derniers temps eurent à subir le contre coup des guerres qui ont désolé le pays. — Quant à la seigneurie, elle s'exerçait sur une étendue de 7 lieues de longueur et 4 lieues de largeur, elle renfermait 3 châteaux, 22 villages avec plusieurs hameaux, qui formaient un ensemble de 1700 feux, répartis entre sept paroisses. Dans son *History de Hohenburg*, Albrecht rapporte que lors du partage des vastes domaines du duc Attic, Batacon obtint pour sa part le val de Villé qui fut érigé en comté. A Batacon succéda Boron, le fondateur de l'abbaye de Berenmünster dans l'Ergau. Les deux fils de Boron, Adelbert et Hugues, moururent sans laisser de postérité. Le premier aurait donné son nom à la vallée, et au second il faudrait attribuer la fondation primitive du couvent de Hugshoffen. Tels furent les premiers seigneurs du val. A partir de Charlemagne les comtes de la ligne directe d'Attic disparaissent, l'empire reprend ses droits dont il céda une partie à l'évêque de Strasbourg. Durant la période allemande nous voyons se succéder dans la seigneurie les comtes d'Ortenberg, de Hürningen et de Habsbourg, l'évêque de Strasbourg et les Müllenheim, les barons de Bollwiller et les comtes de Fugger. Louis XIV la donna aux Zurlauben en faveur desquels il l'érigea en baronnie, puis en comté. Enfin en 1759 une alliance matrimoniale la transféra aux comtes de Choiseul-Meuse qui la conservèrent jusqu'à la révolution.

Après ce coup d'œil jeté sur le val et la seigneurie, entrons dans la petite ville dont le nom apparaît pour la première fois en 829 dans une charte confirmative de Louis-le-Débonnaire en faveur de l'abbaye d'Ebersheim : « *In Wilre curtis dominica, ecclesia cum decimis suis.* » On sait que le couvent d'Ebersheim fut fondé par le duc Etichon et que ses descendants possédèrent la seigneurie du val ; de là l'origine de cette donation que mentionne la charte précitée. L'abbaye d'Ebersheim perdit les biens de l'église de Villé, mais ce ne fut qu'au profit de la maison-sœur de Hugshoffen, à laquelle Adelaïde, petite fille du comte Wernher, les céda par une donation que le pape Callixte II ratifia en 1120. Dans les lettres de l'évêque Berthold, de 1241, l'abbé de Honcourt est nommé « *verus patronus ecclesiæ de Wilre in valle Alberti*. On y lit aussi le nom de Hugo, pléban de *Wilra* succédant à Eberold, recteur de la dite église. C'est donc en cette année que l'église de Villé fut unie à l'abbaye de Honcourt et que le rectorat fut converti en plébanat. L'abbaye d'Andlau en sa qualité d'héritière de Honcourt, obtint et conserva jusqu'à la révolution le patronage de cette paroisse. Ses annexes étaient : Triembach ou *Trubenbach* en 1303 ; Charbes ou Mittelscheer ; Lalaye ou Lach qui au XII figure parmi les possessions de l'abbaye de Neubourg sous le nom de *grangia Lachen*; Bassenberg estimé pour son vin rouge ; Urbeis ou Orbeis avec une partie du Climont, dont il a été question plus haut ; enfin, Erlenbach ou Albé qui au temps de Schœpflin était le village le plus considérable de la seigneurie. Cet endroit est situé au pied de l'Ungersberg, un des sommets les plus élevés des Vosges dans la Basse-Alsace. Sans chercher à ce nom d'Ungersberg une paternité hongroise, je l'appellerai plutôt *Untersberg* par rapport au Hohwald qui est plus élevé, d'autant plus que près de Reichsfelden on rencontre le gradin inférieur de cette chaîne de montagnes, appelé le *Niedersberg*. L'Ungersberg sépare le val d'Andlau de celui de Villé ; il fut en 1495 le théâtre de l'insurrection du

Bundschuh qui préluda à la guerre des Rustauds et à la tête de laquelle on vit Jean Uhlmann, ancien bourguemeistre de Schlestadt, Jacques Hanzers de Blienschwiller et Nicolas Ziegler de Stotzheim. Les malheureux chefs de cette sédition furent pris et écartelés. Mais revenons à notre paroisse. L'abbesse d'Andlau en était la décimatrice. Un acte de 1664 nous apprend qu'en cette année la dîme du vin lui rapporta à Villé, 2 foudres et 15 mesures, et celle en grains 30 sacs, moitié froment et moitié seigle, et 8 sacs d'avoine. Elle donnait au curé pour sa compétence 72 mesures de vin, 25 sacs de seigle et 55 sacs d'avoine. De plus, 20 florins pour dire chaque samedi une messe à Erlenbach. Le curé percevait encore 2 florins, 3 schillings de l'hôpital, 8 schillings de la confrérie de Sainte-Barbe, 10 florins des offrandes aux grandes fêtes de l'année. Il y avait dans l'église paroissiale une confrérie du Saint-Sacrement érigée le 5 octobre 1769, et deux chapellenies, l'une de l'autel de la Ste-Vierge, ancien pèlerinage encore fréquenté de nos jours, et l'autre de la chapelle de Sainte-Catherine sur le cimetière. Ces deux bénéfices furent remplacés par le primissariat dont la collation appartint aux maires de la commune. L'église a été reconstruite en 1757. Le bourg de Villé était autrefois fortifié, entouré de fossés, d'un mur d'enceinte flanqué de tours avec château et portes d'entrée. Une partie de ces fortifications tombèrent sous les coups des Armagnacs et des Bourguignons conduits par le cruel Pierre de Hagenbach; les Suédois démolirent le reste.

Voici en terminant la description de l'archiprêtré de Schlestadt, faite en 1663 par le vicaire général Pleister.

CAPITULUM SELESTADIENSE.

Hujus Capituli Archipresbyter est Constantinus Held Rector urbis imperialis Selestadiensis canonicus senioris sancti Petri Argentinæ.

Selestatt.	Leberau.	Stey.
Sanct-Pildt.	Sanct-Creutz.	Gællerey et Rorspach.
Orschweyer.	Markirch.	Petersholtz.
Kientzen.	Weyler.	Dambach.
Kestenholz.	Sanct-Martin.	Ebersheim.
Scherweyler.	Breitenbach.	Neukirch.

Ab avita Religione in hoc Capitulo defecerunt ad Lutheranismum quatuor parochiales Ecclesiæ, una cum aliquot filialibus.

XI.

Dans l'ordre alphabétique la paroisse de Villé ferme l'archiprêtré de Schlestadt, lequel dans le même ordre est le dernier archiprêtré du diocèse. Nous avons donc fini pour le moment une partie de la tâche que nous avons entreprise et nous sommes au bout de notre pèlerinage à travers l'Église de Strasbourg. Celle-ci étendait encore sa juridiction spirituelle et temporelle au-delà du Rhin, où elle possédait les trois chapitres ruraux de Lahr, d'Offenbourg et d'Ottersweier. Mais la rive droite du Rhin, ce n'est plus l'Alsace. Je me bornerai donc à de simples indications statistiques au sujet de ces trois archiprêtrés.

I. LE CHAPITRE DE LAHR OU D'ETTENHEIM comptait 34 paroisses, 44 églises, 30 chapelles et 6 églises mixtes, 4940 familles catholiques, contre 1520 familles protestantes et 64 israélites. La souveraineté temporelle des évêques de Strasbourg sur *la marche d'Ettenheim* remonte au Xe siècle.

Voici les paroisses de cet archiprêtré :

ALTDORF,	ég. par.	S.-Nicolas.	OBERSCHÖPF-	
BERGHAUPTEN,	»	S.-George.	HEIM, ég. par.	S.-Léger.
KAPPEL-SUR-			ORSCHWEIER, »	S.-Michel.
LE-RHIN,	»	S.-Cyprien.	OTTENHEIM, »	S.-Gall.
ETTENHEIM,	»	S.-Barthélemy	PRINZBACH, »	S.-Maurice.
ETTENHEIM-			RINGSHEIM, »	S.-Jean-Bapt.
MUNSTER,	»	l'Assomption.	RUEST, »	S.-Pierre-ès-
FRIESENHEIM,	»	S.-Laurent.		liens.
GRAFENHAU-			SCHUTTEREN, »	l'Assomption.
SEN,	»	S.-Jacques.	SCHUTTER-	
HASLACH,	»	S.-Arbogaste.	THAL, »	S.-Nicolas.
HERBOLTZH.,	»	S.-Alexis.	SCHUTTER-	
HOFWEIER,	»	S.-Gall.	WALD, »	S.-Jacques.
ICHENHEIM,	»	S.-Nicolas.	SCHWEIGH., »	S.-Romain.
KIPPENHEIM,	»	S.-Maurice.	STEINACH, »	Ste-Croix.
KÜRZEL,	»	S.-Laurent.	SULTZ, »	S.-Pierre.
MARLEN,	»	S.-Arbogaste.	WAGENSTATT, »	S.-Maurice.
MÜLHEIM,	»	Ste.-M.-Mad.	WEILER, »	S.-Michel.
MÜHLENBACH,	»	Ste-Afre.	WELSCHEN-	
MÜNCHWEIER,	»	S.-Landelin.	STEINACH, »	SS.-Pierre et
NIEDER-				Paul.
SCHÖPFHEIM,	»	Ste-Brigitte.	ZUNTZWEILER, »	S.-Sixte.

Il y avait à

ETTENHEIM, une léproserie unie à l'hospice.
ETTENHEIMMÜNSTER, une abbaye de 23 bénédictins.
LAHR (FRIESENHEIM), une collégiale, détruite.
HASLACH, couvent de 18 capucins.
MAHLBERG (KIPPENHEIM), couvent de 14 capucins.
SCHÜTTERN, abbaye de 29 bénédictins.
SCHÜTTERTHAL, hospice de 4 récollets.

II. L'ARCHIPRÊTRÉ D'OFFENBOURG, renfermait 18 paroisses, 33 églises et 23 chapelles, 4746 familles catholiques, 316 protestantes et 3 israélites.

APPENWEIER,	ég. par.	S.-Michel.	GENGENBACH,	ég. par.	S.-Martin.
BIBERACH,	»	S.-Blaise.	GRIESHEIM,	»	S.-Nicolas.
BÜHL,	»	SS.-Pierre	HARMERSBACH,	»	S.-Gall.
		et Paul.	KEHL,	»	S.-Jean-Nep.
DURBACH,	»	S.-Henri.	NORDRACH,	»	S.-Udalric.
EBERSWEIER,	»	Ste-Croix.	NUSSBACH,	»	S.-Sébastien.
ELGERSWEIER,	»	S.-Marc.	OBERKIRCH,	»	S.-Cyriaque.

Offenburg,	»	Ste-Croix.	Windschlæg,	»	S-Pancrace.
Oppenau,	»	S.-J.-Bapt.	Zell,	»	S.-Symphorien.
Urloffen,	»	S.-Martin.			

Suivent les couvents :

Gengenbach, abbaye impériale de Bénédictins, 30 rel.
Oberkirch, couvent de 20 capucins.
Offenbourg, couvent de Franciscains. 14 religieux. — Couvent de 20 Capucins. — Léproserie.— Hôpital civil. — Hospice des pauvres.
Oppenau, hospice de 5 capucins.
Allerheiligen, abbaye de 30 chan. rég. de Prémontrés.
Zell, hospice.

III. Le Chapitre d'Ottersweier était composé de 25 paroisses, avec 40 églises, 26 chapelles et 7280 familles cath. ; il y avait 42 familles protest. et 17 israél.

Buhl,	ég. par.	SS.-Pierre et Paul.	Renchen,	ég. par.	Ste-Croix.
			Sandweier,	»	Ste-Walburge.
Buhlerthal,	»	S.-Michel.			
Fautenbach,	»	Ste-Christ.	Sasbach,	»	Ste-Brigitte.
Grossweier,	»	S.-Martin.	Schwartzach	»	SS.-Pierre et Paul.
Gamshurst,	»	S.-Nicolas.			
Hügelsheim,	»	S.-Laurent.	Sinzheim,	»	S.-Martin.
Honau,	»	S.-Michel.	Steinbach,	»	S.-Jacques.
Iffersheim,	»	Ste-Brigitte	Stollhofen,	»	S.-Erhard.
Kappel-Rodeck,	»	S.-Nicolas.	Wimbuch,	»	S.-J.-Bapt.
Kappel-Windeck,	»	la Nativité.	Ulm,	»	S.-Maurice.
			Unter-Achern,	»	l'Assomption
Ober-Achern,	»	S.-Étienne.	Unzhurst,	»	S.-Cyriaque.
Ottersdorf.	»	S.-Gilles.	Waldulm,	»	S.-Albain.
Ottersweier,	»	S.-J.-Bapt.			

Maisons religieuses :

Près de Baden, par. de Sinzheim, couv. de 24 Capucins.
Fremersberg (Steinbach), couvent de 12 Récollets.
Schwartzach, abbaye de 28 Bénédictins.
A Rencken, Sasbach, Stollhofen et Unterackern, des léproseries.

Olim : Honau, collégiale transférée à Rhinau, Ottersweier, résidence de Jésuites.

Nous aurions encore à visiter dans la Basse-Alsace l'enclave de l'évêché de Spire, comprenant ainsi qu'il a été dit, Landau et Wissembourg, avec le territoire situé entre la Queich et le Seltzbach ; mais il en sera question dans un Appendice à la 2e Partie de ce Livre.

Je termine la 1re Partie par un tableau synoptique du diocèse de Strasbourg que j'emprunte au Registre diocésain de 1768.

Chapitres ruraux.	Abbaye.	Collégiales.	Couvents.	Hospices.	Parois. cath.	Égl. cath.	Chap. cath.	Fam. cath.	Égl. mixtes	Parois. cath.	Temples luthér.	Fam. luthér.	Parois. calv.	Égl. calv.	Fam. calv.	Synagogues.	Familles israélites.
ANDLAU	1		1	1	12	21	15	2149	9	5	2	1057				5	75
BENFELD	1		1	2	20	25	18	2330	10	3	2	120				4	93
SAVERNE	2	2	4	1	45	86	26	4514	23	13	8	1044			39	2	152
BAS-HAGUENAU	5	1	1	1	30	64	15	5307	42	22	32	2915	1	1	562	8	188
HAUT-HAGUENAU	1	1		1	47	100	17	4116	11	43	3	4523			23	2	458
MARKOLSHEIM					12	18	8	943	3	11	4	137			7	2	35
MOLSHEIM	1		3	3	23	41	24	2009	8	4	4	1261	1	1	23	4	184
OBERNAI	1		3	1	27	39	19	4491	1	8		666			11	8	210
RHINAU				2	10	20	8	1310	3	2	3	798			15	3	63
SCHLESTADT	1		5	5	24	41	20	6025	1			189			276	3	41
	8	6	20	24	265	461	177	34454	107	114	64	12712	2	3	959	42	1502
En comptant cinq personnes par famille.								172270				63560			4805		7510
STRASBOURG . . .		5	14	8	7	14	12		—		7	20150			1500	1	40
	8	11	40	32	272	475	189	195360	107	121	71	83710	5	3	6395	63	7550
LAHR	2		3	4	34	45	31	4340	6	15	11	1520				3	64
OFFENBOURG . . .	2	1	4	7	18	32	25	4740		8	7	315					3
OTTERSWEIER . .	1	1	2	7	25	40	30	7280		8	8					1	17
	5	2	9	18	77	117	86	16360	0	31	26	1835				4	84
En comptant cinq personnes par famille . . .								84830				9175					420

Nota. — Les maisons religieuses et hospices, et les militaires 22260

Alsace	195960 cath.	83710 luth.	6395 calv.	7550 israél.
Nota	22260 »	»	»	»
Au-delà du Rhin.	84830 »	9175 »	— »	420 »
	303050	92885	6395	7970
				410300

ERRATA.

Page 11, au lieu de *érigées*, lisez *érigés*.
    12, Butzer, lui-même, — Würtemberger, était : *supprimez les virgules*.
    16, *Fuldent, concymanda, desservant* : Fulda, concynnanda, desservait.
    41, ligne 7, au lieu de *leur*, lisez *leurs*.
    44, Niederbetschdorf, mettez † R.
    58, au lieu de *Gaulen*, lisez *Gaalen*.
    62, Basler archiprêtre 1787, lisez 1785.
    63, Harbaur curé 1889, lisez 1789.
    64, *Adamsweilet, Suberg* : Adamsweiler, Puberg.
    79, ligne 6, au lieu de 1573, lisez 1570.
    102, ligne 7, au lieu de *Strasbourg*, lisez *Steinbourg*.
    133, Mühlbach : *à la ligne*.
    138, ligne 11, *et*, supprimez la virgule.
    175, le *chapitre cathédrale*, lisez le *chapitre de l'église cathédrale*.

TABLE DES MATIÈRES.

	Pages
Avant-Propos.	v
Introduction	ix
Diocèse de Strasbourg	x
Titres ou Bénéfices	xv
Diocèse. — Église. — Archidiaconnés. — Archiprêtrés. — Cures. — Bénéfices. — Dîmes. — Patronage.	
Paroisses de la ville de Strasbourg	xxxix
I Archiprêtré d'Andlau	1
II » de Benfeld	9
III » de Saverne	19
IV » de Bas-Haguenau	42
V » de Haut-Haguenau	61
IV » de Marckolsheim	83
VII » de Molsheim	93
VIII » d'Oberehnheim	119
IX » de Rhinau	148
X » de Schletstadt	153
XI Chapitres ruraux de Lahr, Offenbourg et Otterswyr.	199
XII Tableau statistique.	203

Colmar, imprimerie et lithographie M. Hoffmann.

www.ingramcontent.com/pod-product-compliance
Lightning Source LLC
Chambersburg PA
CBHW070524170426
43200CB00011B/2312